里尔克传

郭光远◎著

时代文艺出版社

图书在版编目（CIP）数据

里尔克传/郭光远著. —长春：时代文艺出版社，2015.12（2023.7重印）
（世界文学大师传记丛书）

ISBN 978-7-5387-4870-3

Ⅰ.①里… Ⅱ.①郭… Ⅲ.①里尔克，R.M.（1875～1926）－传记 Ⅳ.①K835.215.6

中国版本图书馆CIP数据核字（2015）第210619号

出 品 人　陈　琛
责任编辑　刘瑀婷
助理编辑　史　航
装帧设计　孙　利
排版制作　隋淑凤

里尔克传

郭光远 著

出版发行/时代文艺出版社
地址/长春市福祉大路5788号　龙腾国际大厦A座15层　邮编/130118
总编办/0431-81629751　发行部/0431-81629755
官方微博/weibo.com/tlapress　天猫旗舰店/sdwycbsgf.tmall.com
印刷/北京市一鑫印务有限公司
开本/710mm×1000mm　1/16　字数/138千字　印张/12
版次/2015年12月第1版　印次/2023年7月第3次印刷　定价/36.00元

图书如有印装错误　请寄回印厂调换

目录

序言　浪迹四方的诗人 ／ 001

第一章　布拉格
1．故乡与父辈 ／ 002
2．里尔克的出生与成长 ／ 007
3．文学创作的起步阶段 ／ 014

第二章　人际交往和努力尝试
1．失败的计划 ／ 022
2．戏剧方面的尝试 ／ 024
3．里利恩科隆与雅可布森 ／ 029

第三章　莎乐美
1．非凡的姑娘 ／ 036
2．尼采的痛苦 ／ 040
3．里尔克生命里真正的女人 ／ 044
4．两次俄国之行 ／ 055

第四章　里尔克的婚姻
1．与莎乐美分手 ／ 064
2．沃尔普斯韦德的奇缘 ／ 066
3．痛苦与快乐交织 ／ 076

第五章　巴黎时代
1．与罗丹的相识及交往 ／ 084

　　2．《罗丹论》的酝酿与创作 / 091

　　3．用旅行缓解压力 / 099

第六章　人事变迁下取得的成就

　　1．8个月的秘书工作 / 106

　　2．《新诗集》与《马尔特手记》 / 110

　　3．莎乐美与弗洛伊德 / 118

第七章　战争阴影下的快乐时光

　　1．《杜伊诺哀歌》的缘起 / 124

　　2．非洲和西班牙 / 128

　　3．与罗丹绝交 / 134

　　4．战时的人和事 / 138

第八章　移居瑞士

　　1．在莎乐美的陪伴下过冬 / 146

　　2．漫游与隐居 / 150

　　3．慕佐城堡 / 157

第九章　让玫瑰每年为他盛开

　　1．疗养院的常客 / 164

　　2．柏拉图式的恋爱 / 170

　　3．哀婉的余音 / 177

附　录

　　里尔克生平 / 182

　　里尔克年表 / 184

在20世纪的德国诗人中，有一位诗人用自己的生平阐述了一个词语：孤独。在他的一生中，他四处漂泊，痛苦而孤独。然而，这种孤独感是诗人主动选择的结果，同时也是诗人创作灵感的来源。他就是伟大的德国现代诗人里尔克。

里尔克，出生于奥匈帝国统治下的布拉格。在他的童年生活中，产生重要影响力的是他的母亲。里尔克的母亲是一位稍有神经质的小市民，从幼年开始，曾经失去过一个女儿的母亲就把里尔克当成女孩儿来养，这或许是一种心理补偿，也许还有其他的原因。总之，这带给了里尔克深远的影响，使他成年以后在同女性的交往中，仿佛是在寻找童年时代所缺失的正常的母爱。

里尔克十一岁时被送进了免费军事学校，在这里的5年时间，里尔克受到了精神和肉体的双重折磨。此后，他由于无法适应学校生活，先后从军事学校和商业学校退学。1895年，里尔克在亲属的资助下，来到布拉格大学学习哲学。正是在这里，里尔克正式开始了自己的文学创作。

1897年，诗人结识了莎乐美，两人保持了终身的友谊。

此后，里尔克又结识了著名的雕塑大师罗丹，并为他担任了一段时间的秘书。

1921年，里尔克寻在瑞士发现了一处理想的写作地点，于是孤身一人在此地居住下来，并且开始创作他的不朽诗篇。在强烈的孤独中，在伟大的工作激情中，里尔克终于于次年完成了《杜伊诺哀歌》和《致俄耳甫斯十四行》。这两首诗奠定了里尔克在诗人之林中的地位，也圆满地完成了他作为一个诗人需要承担的责任。

1926年，里尔克结束了自己的一生，但没有结束的他的诗歌带来的影响力。直到今天，仍然有很多青年人从他的诗歌中寻找诗歌和生活的力量，而这种寻找也必定一直持续下去。

第一章　布拉格

1. 故乡与父辈

　　冬季的布拉格是含蓄宁静的，清晨的薄雾笼罩着伏尔塔瓦河，河面结着薄冰，悄无声息的河水在缓缓流淌。冬夜，在昏黄路灯的映照下，积着白雪的巷子显得孤独而深邃。布拉格的"黄金巷"因卡夫卡在这里诞生而闻名遐迩，它位于布拉格老城的北边，在卡夫卡生前默默无闻，在其死后开始名声大振，如同圣殿一样接受着各方人士的朝拜。卡夫卡的旧居非常矮小，游人要弯腰低头才能进门，室内陈设也是相当简陋。

　　如今，那座小屋已经被改成纪念品商店，橱窗里放置着卡夫卡年轻时的黑白照片，他那仿佛能看穿一切事物本质的目光，冷冷地注视着来来往往的人们。卡夫卡诞生一个世纪后，一位同样在布拉格从事过文学活动的捷克人米兰·昆德拉，发表了他的代表作品《生命中不能承受之轻》，后来，导演菲利普·考夫曼将小说改编成电影《布拉格之恋》，小说和电影相得益彰，使得布拉格广为世人所知。

　　布拉格横跨伏尔塔瓦河两岸，是捷克的首都，也是该国最大的城市。关于布拉格，有一个这样的传说，古时代城市开始建设的时候，一位建筑师到这里进行考察。有一天，这位建筑师遇到一个正在锯木做门槛的老人，老人的神情十分专注认真，建筑师大为感动，等到该城建设竣工之后，便以"门槛"命名这座城市，门槛的德语为Prague，音译为"布拉格"。

在地理上，布拉格地处欧洲大陆的中心，位于德国首都柏林和奥地利首都维也纳之间，有着十分重要的交通地位，因而与周边国家的联系也十分密切。在文化底蕴上，布拉格在音乐方面非常发达，而在文学活动上则相对落后，起步较晚一些。

1786年夏天，莫扎特的歌剧《费加罗的婚礼》在布拉格剧院上演，观者如潮。布拉格的民众有着良好的音乐修养，在某种程度上比维也纳的民众更能欣赏莫扎特的才华。莫扎特本人也被这样的热情感动了，他感叹道：布拉格人是知音，并决定要为这些可爱的知音们创作一部歌剧。

1787年秋天，莫扎特从维也纳来到布拉格，住在城市郊外的一座山间别墅里。面对伏尔塔瓦河河畔的美丽秋景，仿佛有如神助一般，莫扎特很快就写出了歌剧《唐璜》，并将其献给布拉格人。《唐璜》的首演由莫扎特亲自指挥，并获得巨大成功，布拉格的观众欢呼盛赞之余，称莫扎特是布拉格人的音乐家。

伏尔塔瓦河的岸边，竖立着"捷克民族音乐之父"贝德里赫·斯美塔那的青铜雕像。在查理大桥的东岸，坐落着斯美塔那博物馆，由此可见，斯美塔那在捷克人民心中有着崇高的位置。19世纪20年代初，斯美塔那出生于捷克东南部的老城利特迈希，在追求音乐梦想的道路上，他十分崇拜莫扎特。早年，斯美塔那因政治流亡而漂泊异乡，1861年春，他终于回到了阔别已久的布拉格，从此再也没有离开过那里。

晚年的斯美塔那双耳失聪，神经也受到严重损伤，但他以常人难以想象的意志坚持创作，那首壮丽的交响诗《我的祖国》就是在这样的情况下诞生的。比斯美塔那晚一些出现的作曲家安东·德沃夏克，出生于布拉格的一个小商人家庭里，早年生活清苦，仍孜孜不倦地在音乐道路上探索，在前辈斯美塔那的帮助和鼓励下，终于成为声名卓著的作曲家。

时间到了19世纪70年代，莱纳·玛丽亚·里尔克诞生在布拉格的一个铁路职员家庭里，这位日后的卓越诗人，将以其游子般的形象和瑰丽的诗歌，为布拉格的文学殿堂照射出一道独特的异彩光芒。

以布拉格为中心的广大区域又被称为波西米亚，曾经在1867年至1918年半个世纪的时间里属于奥匈帝国的疆域，是德语文化圈。所以，世界文学史上将里尔克的文学身份定位为使用德语创作诗歌的奥地利诗人。

1838年，里尔克的父亲约瑟夫·里尔克出生于波西米亚地区的一个十分不起眼的小城里，在他之前，有一个名叫雅洛斯拉夫·里尔克的哥哥。早年，约瑟夫进入军事学校学习，最大的心愿就是在军事方面建功立业。1859年，21岁的约瑟夫终于踏上了梦寐以求的战场，而且是以青年军官的身份。

从懂事的时候起，约瑟夫就憧憬做一名屡建功勋的职业军人，这一夙愿在他的青年时代得到了某种程度的实现。一开始，一切都向着好的方向发展，入伍不久，约瑟夫就被任命为一个城堡的军事主管，可惜好景不长，约瑟夫因疾病而被迫退出了战场，此后，沙场建功的梦想就被完全搁置了。

到了19世纪60年代，约瑟夫在布拉格的一家铁路公司谋到了一个管理职位，这样的现状与他当初的雄心壮志形成巨大反差，心中时不时涌出的挫败感一方面使约瑟夫觉得自己无能为力，另一方面又使他时常烦躁易怒。为了排遣心里的抑郁，这位失意的青年人时常沉浸在温柔乡里，也算度过了一段令人难忘的风流岁月。

1873年对于里尔克家族来说是一个令人欢喜的年份，首先，约瑟夫与一位名叫苏菲的世家之女成婚，这一年，约瑟夫35岁，苏菲22岁。其次，约瑟夫的哥哥雅洛斯拉夫仕途一路春风，获得了骑士封号，社会地位也由此变为世袭贵族，而且，雅洛斯拉夫还喜得贵子，取名为艾贡·封·里尔克。

约瑟夫一直想提升家族的社会地位和荣誉，他本人没有做到，如今，他的哥哥完成了这一心愿，约瑟夫也为之高兴，自己的虚荣心也在很大程度上得到了满足。苏菲从小在布拉格贵族社区的一座豪华宅邸里长大，母亲是一个貌美如花而又性情温和的女子，父亲是一个腰缠万贯的商人，同时又是皇家顾问，可以自由出入宫廷。

在这样的家庭中成长，苏菲有着那种富家小姐的才气和格调，同时又不可避免有些清高，有些矫情。她所希望的生活是整日流连于上流社会的圈子，觥筹交错，宝马香车，而自己就身着华美高贵的礼服，做交际场上众人瞩目的人物。这样的生活，她的丈夫约瑟夫显然没有能力满足她，这段婚姻从一开始就让人觉得不是很合时宜，但既然已经成婚，就要依规矩随丈夫姓，被称为苏菲·里尔克。

按照当时女性世界的时尚观念，苏菲把自己看作是一个生活苦闷压抑、需要得到释放的女人，1900年的时候，她出版了一本题为《日记》的随笔小册子，表现了对理想生活的追求，同时对自身也有感伤的迷茫。

长大之后的里尔克用诗人的方式，在某种程度上实现了母亲向往的生活。帮助和接待过里尔克的名门贵族可以列出一长串，其中的一些已经达到知心朋友的关系，最典型的就是塔克西丝侯爵夫人。当然，里尔克的成就是不能用社会标准去评判的，他轻而易举地与上流社会建立交往，完全是诗歌生涯的附带结果。

因为雅洛斯拉夫获得了贵族勋位，所以，这一家族在陶醉的同时，又冒出了另一个想法，即想要在血统上证实里尔克家族的贵族渊源，希望可以做到实至名归。为此，雅洛斯拉夫派专人对家谱进行研究考证，时间长达数年之久，可是到最后，也没有找出令人信服的证据证明里尔克家族的贵族血统。

但是，苏菲作为里尔克家族的一员，坚持认为里尔克家族渊源古老，可以上溯到600年前的克恩滕贵族，15世纪末，克恩滕贵族的一个分支迁徙到了撒克森，在那之后，一些家族成员从撒克森又迁到了波西米亚地区，从此便在此处繁衍生息。这样的说法现在已经无从考证，分不清是真是假，重要的是，苏菲凭借着美好的幻觉对此确信不疑，并在儿子里尔克出生懂事后，向他灌输贵族家族血统学说，使得其在里尔克的心中生根发芽。

"岁月绵长的贵族门第，清晰地映现在眉眼之间。"从这句里尔克年轻时写的诗句就可以看出，母亲的影响给了里尔克多大的优越感和自我意识，二十多岁的里尔克以末代贵族的子孙自居，而且还是一位满腹才华充满艺术气息的贵族后裔，这样的思想和意识在里尔克的一生中持续了很长一段时间。

2. 里尔克的出生与成长

1874年，即约瑟夫和苏菲婚后的第二年，他们生了一个女儿，苏菲特别喜欢这个女儿，可惜的是，这个女儿没过多久就夭折了。1875年12月4日，里尔克出生了，母亲苏菲给儿子取名为勒内·科尔·威廉·约翰·约瑟夫·玛丽亚·里尔克，这个名字实在是太长了，简单地说就是勒内·玛丽亚·里尔克。其中的"勒内"是"天生"的意思，而"玛丽亚"是一个女性化的名字，苏菲把儿子看作逝去女儿的替身。

从出生到6岁，母亲苏菲都是把里尔克作为女孩来教养，留长卷发，穿着女孩服装，玩着布玩偶，这段生活和记忆也成了里尔克日后诗歌创作的一个重要主题，典型的例子就是里尔克的巅峰之作《杜伊诺哀歌》的第四章，以艺术加工的方式回忆了这段童年时光。

1880年，雅洛斯拉夫只有7岁的小儿子艾贡·封·里尔克离开人世。许多年后，里尔克在写给母亲的信中提到了这个过早夭亡的堂兄，他说："我总是能想起他，每当我追忆童年往事，他那难以形容的动人形象就出现在我的脑海里，他细小的脖子上戴着丝织绉领，他的惹人怜爱的下巴，美丽而又略微斜视的双眼，这一切都让我感到悲伤和绝望。"

艾贡的夭折使得雅洛斯拉夫那一脉没有了男丁，雅洛斯拉夫开始对里尔克这个侄儿关注起来。里尔克在许多年后用文学家的方式对艾贡进行了怀念和追忆，在创作《马尔特手记》时，过早夭折的艾里克·布拉赫就是以艾贡为原型，在伤逝的第八首十四行诗中，里尔克又一次提到了他的这位小堂兄。

苏菲对小里尔克可以说是百般娇宠，一方面因为女儿早夭，另一方面是对婚姻生活感到失意，于是便把大部分的精力放在了儿子身上，而童年时的里尔克对母亲也十分依恋。有一天晚上，约瑟夫和苏菲夫妻俩去参加一个宫廷舞会，小里尔克留在家里，由管家和佣人照顾。一开始，待在童车里的小里尔克还很安静，没过多久，他就哭闹起来，管家和佣人百般哄劝，依旧无济于事。

摸了摸小里尔克的额头，似乎有些发热，管家和佣人又不敢自作主张，只好推着童车来到舞会现场。刚一进舞会现场的大门，小里尔克似乎意识到马上就能见到母亲了，立刻安静下来。佣人带着他在偏房里等待，没过一会儿，苏菲就奔了进来，也没顾及这样会把身上穿的礼服弄皱，她抱起了小里尔克，亲吻着他的额头，小里尔克露出了欣喜的笑容，亲昵地依偎在母亲的怀里，小手抚弄着母亲的头发和衣襟处的丝带装饰。

这时，约瑟夫也进来了，苏菲担心地说道："他有些发烧呢。"约瑟夫抓住小里尔克的手腕，数起脉搏来，然后他说："没什么事，"他又转向管家和佣人，训斥道："就为这么点事还把我们叫出来，简直是胡闹！"约瑟夫望着舞会大厅，没有再看小里尔克，随后他就拉着妻子重返会场了。小里尔克看到妈妈留下了一枝白茶花，就抓起来放在额头上，清香而又冰凉的花朵就像妈妈的肩膀一样。

从这段故事我们可以看出，童年的里尔克是十分依恋母亲的，甚至有些许恋母的嫌疑。但是里尔克对母亲的态度远非如此简单，或者说，对于他所爱慕的人，里尔克的情感都是整合而又分裂的。他会因为爱慕而对某人亲密地靠近，如果过度的亲密伤害了他内心深处的孤独感，他会立即变得冷酷起来，不顾一切进行排斥。

　　19岁时，里尔克在给他平生的第一个女友瓦莱丽写信时，曾说到自己的母亲是一个只知道享乐的可怜人。22岁的时候，某一天里尔克在一片草地上漫步，走着走着，他看见一个面容慈祥的老妇人正在整理干草，就是这样一个再普通不过的情景触动了里尔克的心弦，他在那一刻冒出了这样的想法，如果这位老妇人是自己的母亲该有多好啊，纯朴的形象，诚实而尊贵的生活，里尔克甚至还把这种想法写到了书信里。

　　在1904年里尔克写给莎乐美的一封信里，他这样形容自己的母亲，"我妈妈来罗马了，直到现在也没有离开。虽然我们母子很少见面，但你应该知道，每次见面都会让我很难受。她似乎永远都不会变老，我不知道用什么可以拯救她的虚假和不真实，而我又不得不面对这一切。童年时代的记忆被勾起，我在那时就想尽一切可能地摆脱她。"

　　母亲苏菲美丽温柔的一面使里尔克觉得亲密，而母亲那些空虚无聊的幻想和矫情的举止做派，则令里尔克感到厌恶，他担心这些东西会影响自己，他同时也想竭力把童年时母亲留给他的影响抹除掉。因为，作为一个诗人，保持内心的孤独感是必需的，而且应该只接受自己认为美的滋养。

　　从5岁开始，里尔克在布拉格天主教会学校读小学，关于这段学习生活经历，里尔克本人很少提及，可以说这一时期是在波澜不惊中度过的。母亲苏菲经常朗读席勒等名家的诗歌给儿子听，里尔克虽然还是个孩子，却听得很认真，自己会写字了以后，他就准备一个小本子，把母亲教给他的诗歌抄在上面。

在这样的熏陶和影响下，里尔克8岁的时候就开始尝试写诗，当然，一切都还非常稚嫩。1884年，里尔克9岁了，这一年也是约瑟夫和苏菲结婚十周年，念小学三年级的里尔克写了一首诗，作为对父母的祝福。

1886年，里尔克转到了圣·珀尔腾军事初中，当然，父亲约瑟夫在这里面起了主要作用，他盼望儿子从小接受军事化教育，长大后做一名青年军官，以完成父辈没有完成的心愿。那个时代，对于男人的事业来说，在军事学校接受教育是一条非常好的出路，毕业后直接成为军官，成绩优异者授予中尉军衔，及格者授予少尉军衔，即使不及格，仍然会得到一个士官军衔。

当然，母亲苏菲对送里尔克进军事学校是有异议的。从里尔克记事的时候起，父母就经常吵吵闹闹，小里尔克更是成了他们争吵的砝码，在分分合合的父母之间，里尔克的情感天平摇摆不定，有时倾向父亲那边，有时倾向母亲那边，不过从以后来看，他只遵从于自己的内心。父母间的分歧有了最终结果，父亲约瑟夫以其严厉和强硬占了上风，里尔克走进了圣·珀尔腾军事初中的校门。

在圣·珀尔腾军事初中学习了4年后，里尔克又转到了韦斯吉尔申军事高中，这次的军事学习只维持了一年，加上前面的4年，一共5年。这段岁月可以说使里尔克备受煎熬，曾经有评论人以"把夜莺丢到油锅里炸"来形容两者之间的关系。

二十多年后，里尔克已经成为大诗人，名声卓著。一位曾经教过里尔克的教官已经获得了将军头衔，他写信给里尔克，说自己为有如此优秀的学生而感到自豪，信中还回忆了当年的一些往事。里尔克的回信犹如一盆冷水，他说军校生活没有给自己留下任何美好的回忆，字里行间充满了怨恨，仿佛他住的不是军校，而是监狱。

其实，军事学校的生活并没有那么可怕，虽然它未必使学员感到亲切温暖，但最起码它对所有人是一视同仁的。可能仅仅是因为里尔克天生的感受比较敏感，所以，在平常人看来纪律严明的军校生活，使少年里尔克在精神和身体上都备受折磨，最后精疲力竭地走出校门。当然，里尔克这样的心态旁人是很难体会的。

当年，校方对这个学生的天资和努力也是非常赏识的，还根据里尔克的专长和特点，时常安排他在班级同学面前朗读自己写作的诗歌。里尔克虽然不是心甘情愿待在这里，但是在学习方面和操练科目上，也是尽心尽力，全班级一共五十多个学生，里尔克的成绩总是在前20名之内。

不管怎么说，里尔克总算挺过了这段让他感到绝望的岁月。1891年7月，里尔克因为健康问题退出了韦斯吉尔申军事高中，对这个结果最感到失望的就是约瑟夫，让儿子完成军人生涯的理想破灭了。16岁的里尔克此时身体瘦弱，经常生病，他不得不在布拉格郊区疗养了两个月。摆脱了军校的禁锢，这位少年诗人终于回到盼望已久的幻想世界。

8月份的时候，维也纳的一本刊物《趣味杂志》开展征文评奖活动，主题是由杂志社指定的。里尔克写了一首诗，题为《时尚的拖地裙摆》，寄给了主办方。9月10日，这首诗被刊印在杂志上，排名是第二位，尽管与文学根本搭不上边，这毕竟是里尔克第一首变成铅字的诗作，有开天辟地的意义。

9月末，家里又把他送到了林茨商业学校，希望里尔克可以在那里学会一项谋生技能，这个举动颇有些病重乱投医的味道，但是里尔克在学习方面的天赋是惊人的，一个学期下来，他考试成绩名列全班第二名。

在林茨学习期间，里尔克结识了一个比他大几岁的女佣人，青春妙龄的两个人互相产生了爱慕。学校放暑假，里尔克也没有回家，而是带着女佣人去了维也纳，他俩在那里过起了同居生活。里尔克的家人开始四处寻找，还没等他们找到，女佣人的父母已经先一步知道了女儿的落脚点，还报了警，没几天警察就找到了这对胆大妄为的小情侣，女佣人被警察护送回家，里尔克则一个人回到布拉格。

林茨商业学校的学习算是放弃了，这时的里尔克是有些迷茫的，处于一种消极颓废的状态。伯父雅洛斯拉夫终于坐不住凳子了，他决定帮助这个侄儿，让他在教育方面继续深造，将来可以继承自己的法律事务所，也算是为家族事业做一些贡献。雅洛斯拉夫有两个女儿一个儿子，儿子艾贡过早夭折，所以，雅洛斯拉夫对里尔克这个侄儿格外关心。

雅洛斯拉夫出钱聘请家庭教师对里尔克进行全面辅导，好完成高中毕业考试，以便日后进大学攻读法律专业。伯父规划好的人生道路并不是里尔克真正想要的，但出于对伯父的敬重，里尔克在学业上还是十分用心的。雅洛斯拉夫还没来得及亲眼看到里尔克的成功，就在1892年12月因为中风病逝了。

雅洛斯拉夫的两个女儿继承了父亲的财产，继续资助里尔克。3年时间的寒窗苦读一晃就结束了，在这段时间里，里尔克一度萌发出了一种强烈的愿望，他想像伯父雅洛斯拉夫那样成为一个能干的人，但并不是做律师，而是做一名乡村医生。

到了1895年夏天，里尔克以优异的成绩完成了高中毕业考试，随后，他进入布拉格的斐迪南德大学。最初，里尔克选学哲学系，主修科目是艺术史哲学和德意志文学，这些都是里尔克感兴趣的课程，却违背了伯父雅洛斯拉夫的本意，所以，几个月后，里尔克转到了法律系，因为实在提不起学习兴趣，只能说是勉强应付。

对于21岁的里尔克来说，文学艺术已经被确立为自己人生的绝对目标，这与父亲约瑟夫对他的期望是大相径庭的。约瑟夫最初指望里尔克在军事领域出人头地，后来又接受了雅洛斯拉夫的建议，指望里尔克成为一个受人尊重的律师，而对于里尔克视为生命的文学艺术，约瑟夫觉得完全可以把它当作业余爱好。面对父辈企图控制自己的人生走向，里尔克再也找不到可以调和这两者矛盾的手段，于是决定不惜代价进行反抗。

1896年秋天，里尔克离开故土布拉格，迁居到德国的慕尼黑，在这座相对陌生的城市里，里尔克又继续念了两个学期的大学，更使他感到惬意的是，他终于可以不受任何干扰，倾听心灵发出的声音，也可以坐在书桌前，让思想在笔尖下自由流淌。离开故土布拉格，还有第二层原因，就是当时的布拉格地区文学氛围淡薄，里尔克感觉不到能从这片土地汲取到什么营养。

在这样的情形下，为了自己可以在文学艺术上真正起步，里尔克只好摆脱故土和家庭的牵绊。纵观里尔克的整个人生，他这样做是对的，因为他天生就是一个游子，而且，只有在故乡以外的地方，里尔克思维和性格的特质才会最大程度彰显出来，这对他的艺术创作是十分有益处的。

3. 文学创作的起步阶段

除了那首征文习作《时尚的拖地裙摆》，里尔克的文学创作主要是在1893年的时候开始萌芽，这一年，他还在家庭教师的辅导下准备着高中结业考试。当年4月，他以军人题材写成的散文诗《笔和剑》发表在当地的一份报纸上。

也是在这一年，里尔克开始了他人生里真正意义上的初恋。在去表妹家做客的时候，里尔克结识了一个名叫瓦莱丽·封·戴维洛菲尔德的少女，此时，里尔克18岁，瓦莱丽19岁，两个人一见钟情，第二天，里尔克就给瓦莱丽寄去了一首情诗。

此后，两个年轻人鱼雁往来，相处得十分融洽。因为瓦莱丽也十分喜爱文学，所以里尔克为初恋女友写了很多首情诗，表达的主题只有一个，就是"亲爱的你占据了我的心"，当然，从诗歌手法和内容来说，这些诗只能说是青涩少男少女式的多愁善感。

1894年，里尔克将这些情诗又加上一些别的作品，结集成《生活与诗歌》，这是里尔克的处女诗集。《生活与诗歌》的出版是自费的，里尔克拿不出钱来，只能向瓦莱丽寻求帮助。瓦莱丽把自己所有的积蓄都拿了出来，还把祖母留给她的首饰也变卖了，勉强凑够了出版费用。

1894年年末，里尔克19岁生日的那一天，他给瓦莱丽写了一封情意缠绵的情书，里面有这样一段话："我发现，我到现在为止的全部生活，宛如一条只为遇见你的道路。当我完成这场幽光闪现的旅程，我将会在终点得到你的回应和报答。"从这封信再次看出中学生式的恋爱的纯情和夸大其词。

瓦莱丽是里尔克第一个真正爱慕的女人，但是从里尔克的整个情感道路和人生道路来看，这段初恋对他在心灵和艺术上的发展并没有什么太大的影响，瓦莱丽在某种程度上只是里尔克早期生活中一个比较亲密的人物。

1895年夏季，里尔克到巴尔干海滨消暑度假，邂逅了一个从布拉格来的姑娘，里尔克迅速移情别恋，他写信给瓦莱丽，说自己已经爱上了别人，要求瓦莱丽给他自由。瓦莱丽虽然痛苦万分，还是回信同意分手。这段初恋从开始到结束一共两年半的时间，整个过程里，里尔克写给瓦莱丽的书信有122封，情诗有77首。

两人的分手给瓦莱丽留下了难以磨灭的影响，她一方面痛恨里尔克的负心，一方面又觉得这是命运的捉弄。从她留下的文字记载中，我们可以强烈地感受到其中散发出的忧郁气息。瓦莱丽终身未嫁，当然，原因并不能完全归咎于里尔克，但不可否认的是，这是其中的主要因素。

许多年后，当里尔克和瓦莱丽步入各自的晚年时，瓦莱丽对人谈起里尔克，说里尔克年轻时相貌丑陋，不懂得怎么去爱一个女人。她还把里尔克写给她的情书拿出来拍卖，以表示自己根本不想珍藏这些陈年旧物。

随后，瓦莱丽的这种论调传开，而且混淆了很多人的视线和思维判断。

终身未嫁的瓦莱丽之所以这样诽谤里尔克，只有一种原因解释得通，就是由爱恋变为感伤，由感伤变为怨恨，又由怨恨而实施报复。这段发生在布拉格的初恋竟然在时隔二十多年后还激起余波，恐怕很少有人能够想见得到。如果瓦莱丽说里尔克是一个负心汉，则完全合情合理，还会赢得无数人的同情和感叹。可是，执着的爱恋扭曲成为恶意的报复，这不禁让人产生了一丝寒意。瓦莱丽也就变成了攻击里尔克性取向问题的始作俑者。

在布拉格读书生活的岁月里，作为一个文艺青年，里尔克也算小有所成了。自从拿起了写字的笔以来，他主要创作诗歌，还写作短篇小说以及散文随笔和剧本。虽然这其中的一些作品因为得到各种帮助而出版，但这并不能说明里尔克已经成了一个文学家。准确地说，里尔克更像是布拉格本地的一个年轻秀才。

进入布拉格的斐迪南德大学没多久，即1895年的时候，里尔克的第二部诗集《宅神祭品》与读者见面了。其中，有少量直抒胸臆的浪漫主义诗句，有以战争和悲剧为题材的自然主义诗篇，此外，里尔克还创作了描绘布拉格风土人情的诗歌，字里行间围绕着他对故乡的深切情感，这些诗歌如同饱含了作者感情的市井图画，给人一种印象主义的氛围。

当时在文学氛围不那么浓郁的布拉格，里尔克那有些稚嫩的作品，也几乎处于转瞬即被人遗忘掉的境地。如果我们试着追寻19世纪末里尔克的创作生活，恐怕每一个人都会怀疑自己的眼睛，因为从里尔克早期的几百首诗歌中，根本看不出这个年轻人具备成为大文学家的征兆。即使从当时的诗歌创作来说，里尔克的那几百首作品也只能说是相当一般。

在当时的布拉格，或者说整个欧洲，海涅的诗歌是具有代表性的，不仅在数十年间无形中适合了读者的口味，也使得诗歌创作变得越来越模式化。这种规范化的诗歌的最大特色是词句随意拈来，空洞的文本里充斥着大众的普遍情感，抒发起来更是绵绵不绝。此后，这样的诗歌成了资产阶级沙龙的招牌性作品，跟在这后面模仿的人更是不计其数。

当时的里尔克也没有突破这样的束缚，他的那几百首作品实在谈不上杰作，也没有什么太明显的毛病，只是太平庸了，就像不断地喝着没有滋味的水，时间久了，令人厌倦，也令人昏昏欲睡。当然，这些诗歌在里尔克的创作历程里仍然有着基石的作用，正是在这些基石之上，里尔克的巅峰之作才得以发出耀眼的光芒。

出生于维也纳的奥地利作家霍夫曼斯塔尔比里尔克大一岁，19世纪末，在里尔克还沉浸于浪漫主义惊险叙事诗时，霍夫曼斯塔尔已经创作出了《白扇子》《昨日》《提香之死》《傻子和死神》等受唯美主义思想影响很深的优秀之作。与里尔克不同的是，霍夫曼斯塔尔出身于资产阶级豪门，是在与其家庭背景对等的文化和趣味的熏陶中长大的，所受的教育也是十分系统化和完备。里尔克却一点也没有受过这种教育。

1895年，里尔克在《德意志文坛》上发表了《破镜重圆》，这首诗是典型的浪漫主义惊险叙事诗。"山丘尚未披上清晨的光芒，乌尔福斯莫尔峡谷已经开始灵动。今天,艾利希伯爵将与尤塔夫人和好。"这首诗就是这样开头的,乍一读起来像是那么回事,可是细细一品,就会让人觉得没什么新意。为了在末尾部分营造一种悲剧性的气氛,里尔克用了一些极具官能性的字眼,可是并不成功。

20岁的里尔克也没有机会与真正的文学大家交往,完全是凭借自己的探索和历练。因为在少年时代受到的教育是有限的,所以里尔克一生都觉得自己是一个自学成才的人。此后,里尔克曾经打算重新进行系统的学习,这样就能将先前的薄弱之处予以弥补,但是这个计划始终没有实施。一直到他人生的后半段,他也会偶尔对自己的文学趣味持有一种怀疑和不安的状态。

还有一个因素前面已经说过,就是布拉格的文学生活十分闭塞,同样出生于布拉格的文学史专家德麦兹曾经这样评论:19世纪90年代,布拉格不仅闭塞而且落后。处在这样的氛围里,里尔克虽然很容易就崭露头角了,但在某种程度上也局限了里尔克早期的审美眼光和创作观念。

同时,里尔克也积极地与当地的一些文艺人士交往,希望他们能对自己的作品予以肯定和支持。当然,这些所谓的文艺人士虽然在当时被称为社会文化名流,但说到底都是一些徒有虚名的人物,随着时间的推移,这些名流都已被尘封在历史的角落里,人们也想不起还有这些人物的存在。不过,里尔克与他们交往的初衷是得到了满足的,他们对里尔克的作品给予了充分的肯定。

通过这一时期里尔克与外界的往来书信可以看出,他特别关注文学市场的趋势和走向,对新鲜事物的出现也有着浓厚的兴趣。出于当时内心的功利性,里尔克竭力在当时的文学市场上拉关系,寻求帮助和引荐，把自己的作品能够发表看成人生最大的乐事。对于文学评论界的舆论引导，他也以其高度的敏感性去进行广泛接触，在当时的环境制约下，只有这样做才能使自己的名利之心得到最大程度的满足。

许多年后，里尔克对自己的早期的活动解释道，他之所以这样做是为了让家里人看到他的成功，证明他所选择的道路是正确的。为了向所有家人证明这一点，里尔克终日孜孜不倦地进行创作，期待着自己的任何一篇作品都能够发表，当然，也确实发表了。

不过，因为功利心的影响，作品的文学水平不免会大打折扣。这只是一个短暂的特殊时期，此后，里尔克如同维护信仰一样维护内心的孤独感，对于文学活动中的所有庸俗的东西，都敬而远之。这样的理念被里尔克以极其严格和坚定不移的态度执行，并用于创作实践，终于为自己赢得了神话人物般的声名。

第二章　人际交往和努力尝试

1. 失败的计划

20岁时的里尔克举手投足之间，更像一个有投机取巧之心的文化商人。无论创作诗歌还是创作散文小品，他都显得随意而又急于求成。里尔克向他能联系到的所有的报纸杂志投稿，他还向那些暂住在布拉格的作家们做自我介绍，并请他们对自己的作品给予点评，希望能够得到肯定和推荐。

甚至，在有些时候，里尔克去拜访某一个作家，在谈话中，他会刻意提到自己以前与另一位知名文艺人士促膝长谈过，这样说的目的就是抬高自己的身价，来显示自己虽然年纪不大，但是阅历十分丰富。对于和编辑及出版商的交往和商谈合作事宜，里尔克也能像一个老江湖那样与他们讨价还价，总之，他竭力将自己扮演成一个老练成熟而又锋芒毕露的文艺青年。

里尔克也是艺术家俱乐部的忠实成员，几乎在每次活动的会场都能看到他的身影。与此同时，他自己也在筹划创建一个激进的文艺同盟，名称定为"幻想艺术家现代同盟"。1896年5月中旬，里尔克给当时的一位青年女作家莱丝克·封·厄斯泰伦写了一封信，信中将厄斯泰伦吹捧为"公主"，而且用了很长的篇幅向她表示敬重和仰慕。

里尔克还在信中谈起了他创建"幻想艺术家现代同盟"的计划，他说自己对日常生活中的俗事感到烦闷，现阶段唯一的愿望就是把布拉格这座古老的城市，改建为一座充满艺术气息的城市，当然，这需要有许许多多的艺术家与自己同心同德，专注于当下的心灵感动，以完成现代派文学的自我创造和发展。在这封信的结尾处，里尔克仍然没有忘记向厄斯泰伦推荐自己的作品。

"随信谨奉上拙作《菊苣》，这本书出版之后是免费发放的，供大众阅读。如果公主殿下您对我的作品感兴趣的话，下一回我会把我的《宅神祭品》奉上，它很受读者的欢迎，科拉尔先生在昨天的报纸上对其做了十分中肯的评论。"可以看得出，这时的里尔克在某种程度上，把自己定位为一个著作很丰富很多产的作家，自我意识非常强烈，同时也在追求出版作品的社会影响力。

信中提到的《菊苣》是一种和期刊相似的出版物，由里尔克自己撰写并印刷发行，当然，这需要热衷于公益事业的慈善家予以资助。《菊苣》每年出版一次或者两次，免费提供给手工业者协会和医院，供市民阶层阅读。但是，这本免费读物出版了三期后就停刊了。

此外，里尔克还主编了一本名叫《青年的德意志与阿尔萨斯》的杂志，此时的他与一个名叫格特弗利德·鲁德维西·卡滕提特的出版商有合作关系，而且，这本杂志有专门针对奥地利读者的版本。所以，里尔克极力向这个出版商保证，《青年的德意志与阿尔萨斯》将会非常成功，并能赢得一大批订阅杂志的客户。

除了想出版新杂志，里尔克还计划筹建一个"知音剧院"，专门排演那些不被别家剧院认可的剧本。在那封给厄斯泰伦的信中，里尔克也把这个想法说了出来，他还提到如果剧院开始运作，将会首先上演莫利斯·梅特里克（一个荷兰剧作者）的戏，这不得不让人有一点怀疑，就是里尔克和那位荷兰剧作者之间或许达成过某种口头协议。当然，到了最后，出版《青年的德意志与阿尔萨斯》与创建"知音剧院"这两件事全部泡了汤。

剧院的创建计划虽然流产了，但是里尔克对戏剧的热情高涨了起来，这之后，他一发不可收拾地创作了好几部戏剧，这些戏剧的创作水平并没有多少可圈可点的地方，但显露出的是一种自然主义的风格。对于里尔克来说，当时流行的戏剧样式如"贫困剧"和"心灵剧"，几乎同时对他产生了吸引力，他既痴迷于贫困剧，又对心灵剧无法割舍。

2. 戏剧方面的尝试

1896年5月的一个晚上，三幕大众剧《铤而走险》在布拉格首演，该剧的创作者是鲁道夫·科利斯托弗·耶尼。1858年，耶尼出生于匈牙利的塞克什白堡，他比里尔克年长17岁，早年的他先入伍参军，随后做起了演员，又做过自由撰稿人，在经历了不断轮换职业之后，耶尼来到布拉格攻读哲学。耶尼是里尔克关系最亲密的朋友之一，里尔克称他为"亲密的朋友和文艺大师"。

相对于流行的典型戏剧流派，耶尼的剧作走的完全是截然相反的道路。在一些比较知名的剧院和舞台上，耶尼的剧作还是取得了一定意义上的成功的。此次在布拉格首演的《铤而走险》，其内容讲述的是一个贫困家庭租住了一个富家的房子，随后与毫无道德观念的房东之间展开了各种各样的矛盾冲突。里尔克在观看了耶尼的这部剧后深受启发，没过多久就写出了独幕剧本《此刻与我们归天之时》。

里尔克的这个剧本几乎是照搬了耶尼的剧本，可以说是《铤而走险》的复印版本。但是，耶尼的那部剧定位为大众剧，耶尼在用笔时很注重剧本的格调，所以人物对话的方言色彩十分浓厚，而且饱满有力度。反过来再看里尔克的《此刻与我们归天之时》，人物对话文绉绉的，不符合人物身份，显得苍白而又不真实。

同年8月的一天上午，《此刻与我们归天之时》在布拉格的德意志大众剧院首演，为了吸引观众，这一回是义演，不收门票。但是这并没有达到更好的效果，时值酷暑季节，布拉格的大街上的行人本就比平时少很多。

大众剧院里更是空空荡荡的，只有寥寥的几个人观看了《此刻与我们归天之时》。演出完毕之后，在这一天的中午，里尔克坐到了书桌前，提起笔来给耶尼写信，向他说到了这出独幕剧的首演情况。尽管没有几个人观看，但是里尔克仍然认为自己做得相当成功。这不过是一厢情愿的自我安慰罢了，此后，这出充满哀伤之情的戏剧再没有上演过。

1896年12月，里尔克的第三部诗集《梦中加冕》结集出炉了。在他的第二部诗集《宅神祭品》中，描绘外部世界的笔墨占了绝大部分篇幅。这一次，《梦中加冕》彻底回归了里尔克的内心，感伤之花盛开，洋溢着新浪漫主义的色彩和格调。这些心灵的抒情诗仿佛是在醉眼迷离的状态中写就，梦幻、痛苦、温柔纠缠在一起，对自身高贵的崇拜犹如古希腊神话中的纳喀索斯。

在古希腊神话中，河神克菲索斯娶水泽神女利里俄珀为妻，后来生下一个儿子，名字叫纳喀索斯。纳喀索斯出生以后，他的父母想知道这个孩子未来的命运如何，便去请求神的谕示。神的谕示说："不要让他认识自己。"但是这句话的意思谁也不明白。不知不觉间，纳喀索斯已经16岁了，长成了一个十分俊美的少年。他常常手持弯弓，背着箭囊在树林里打猎。

有一天，纳喀索斯又到树林里打猎，他看到了一片清澈的湖水，湖岸边长满了萋萋动人的绿草。纳喀索斯又累又渴，打算喝几口清凉的湖水，当他俯下身去时，看到了自己映在水中的影子。这影子是那样的美丽，纳喀索斯心中欢喜，竟然对自己的影子一见钟情。他就这样在湖边流连忘返，深情地凝望着湖中的影子，既不觉得累，也不觉得饿。过了一天又一天，纳喀索斯身体活力彻底衰竭了，他倒在湖边，永远闭上了双眼。

几天后，在纳喀索斯倒下的地方，草丛里长出了一株娇艳的水仙花，它斜生在湖岸边，依然在湖水里映照出它的花影。水仙花就是纳喀索斯的化身，直到今天，在希腊，水仙花也被称为纳喀索斯。在文学艺术上，这种情形被称为纳喀索斯式的自我崇拜，后来又被引申为个体的自恋意识。里尔克在他的第三部诗集《梦中加冕》中流露出来的纳喀索斯式自我崇拜就非常明显。

1897年夏天，剧作《春寒》在德意志大众剧院上演，这是继《此刻与我们归天之时》之后，里尔克创作的第二部戏剧。此次是由一家柏林剧团负责排演，其中有一位名叫麦卡斯·莱因哈德的青年演员，日后，这个年轻人成了德国的著名导演。这一年的年底，里尔克出版了第四部诗集《耶稣来到》，这部诗集继承了《梦中加冕》的音乐性。在《梦中加冕》中，里尔克有时会像吸食鸦片上瘾一样，疯狂地堆砌韵脚，以追求音乐性的节奏感。

相比于《梦中加冕》，《耶稣来到》在内容题材上更加丰富多变，这本集子里的绝大部分诗歌是里尔克在慕尼黑旅居期间写成的，虽然贫穷这一题材仍然存在，但是先前的那种自然主义风格完全消失了，叙事诗和城市风景的素描也降到了非常少的程度。在这段时期里，"心灵蕴含一切"的思想越来越影响着里尔克，这样的信仰也渐渐成为里尔克诗歌创作的核心主题。

此后没过多长时间，里尔克将自己的第一部诗集《生活与诗歌》彻底否定，并决定永远不再发行这本小册子。至于另外三部诗集，里尔克认为它们不像第一部写的那样糟糕，还是有可看性的。许多年后，里尔克对自己起步阶段的创作做出了十分中肯的自我剖析，我们可以参照1924年他写给文学研究家赫耳曼的信的内容：

"在那些年代里，我如同被什么东西追赶一样，做了许多事情，这也是我的第一个活跃的创作期，当然，有些也是出于义务和任务。那时候，我出版了自己的第一批作品，没过多久我就在想，这些东西要是锁在抽屉里不拿出来示人该有多好！但是这些作品还是出版了，是我自己千方百计想出版的。这当然是有原因的，也正因为这个，我觉得将那些作品作为我创作生涯的开始，着实让人有些难过。

"当时，我之所以天真幼稚地出版那些没什么价值的东西，是因为有一种潮水般的意愿推动着我，我要向充满漠视的环境证明我有从事这种活动的权利。推出我的那些习作，我的权利便会得到别人的承认。那时，我特别盼望能有助我一臂之力的人出现，可以在社会的精神活动中谋得一个立锥之地。在故乡布拉格，即使是在相对理想的情况下，我也会感到自己被孤立于这种精神活动之外。

"在我的一生中，只有这段时间不是为了工作而奋斗，只是以那些令人羞愧的习作谋求世人的认可。没过多久，大概是在去俄国旅行的前一年，像是在蓦然回首的状态里，我发现了自己天性的核心点，于是，我对自己之前的所作所为给予了否定。那些作品上面洒落着那个时期的污垢，当然，我并不是要忘却别人给我的帮助，我只是对自己的写作态度进行了检讨。

"对于关注和帮助过我的人，我也没有忘记他们的名字。在布拉格，有奥尔夫雷德·科拉尔、弗利德里希·奥德勒，这两位比我年长，算是前辈。年轻一些的有诗人胡戈·萨鲁斯、画家埃尔里克，这两位对于我的追求倾向，有着十分敏锐的洞察力。另外，奥古斯都·赛尔甚至还注意到了我最早的涂鸦之作，那些东西根本不值得注意。"

以上就是里尔克在给赫耳曼的信中写到的内容，我们可以体会得到，里尔克既对朋友和帮扶者充满感激之情，又对自己的那些作品能获得如此的待遇感到羞愧，他就是以这样微妙而又略带纠结的心理诉说了自己的青年时代，剖析了初期创作的种种初衷。当然，里尔克起步阶段的这种情况，在许多文学家年轻的时候或多或少都存在过。

3. 里利恩科隆与雅可布森

奥古斯都·赛尔是一个元老级的人物，比里尔克年长20岁。在里尔克就读高级文科中学和后来读大学的时候，赛尔就对这个吟风弄月的文艺青年十分注意，这也很有说服力地表明，里尔克的那些起步之作并非一点价值也没有。不过，对当时的里尔克影响最大的是诗人德特勒夫·封·里利恩科隆，他出生于1844年，是德国印象主义抒情诗人，在19世纪末，里利恩科隆在文学界是一个非常伟大的名字。

的确，在当时公认的大师级的人物之中，布拉格时代的青年诗人把里利恩科隆视为偶像。里尔克把里利恩科隆比喻为一只充满力量的手，自己一旦抓住就不想再放开，并为自己能与里利恩科隆有交往而感到无上光荣。起初，正是在以里利恩科隆为代表的一些前辈的鼓励下，里尔克为自己制定了有些不可思议的创作计划。

有时，里利恩科隆在信中称呼里尔克为"优秀的勒内·玛丽亚"，这不是人际交往间的客套话，而是发自于真情实感的一种赞叹。每当里尔克看到这样的字眼，总是会在胸中激荡着热烈的情怀，仿佛那是自己未来前途的一盏指路明灯，而且，里尔克也极力想使家人相信这一点，他有勇气和力量追求并完成他想要的事业。

以布拉格为中心的波西米亚地区，曾经有半个世纪的时间是在奥匈帝国的管辖下。1866年，普鲁士与奥匈帝国爆发战争，史称

"普奥战争"。波西米亚地区成了主要交战区域。22岁的里利恩科隆参加了普鲁士军队，也是这样的经历，使里利恩科隆第一次接触认识了布拉格城。民族意识的不同并没有妨碍一个文学前辈和一个文学后生的交往，对于里尔克这个对自己佩服得五体投地的布拉格青年，里利恩科隆毫不吝惜地给予了鼓励和帮助。

正是在里利恩科隆的影响下，里尔克的诗歌创作水平得到了极大的提高。1895年推出的第二部诗集《宅神祭品》中，可以很明显地看到里利恩科隆的影响痕迹。在第三部诗集《梦中加冕》中，有几首印象主义风格的诗歌也是在模仿里利恩科隆。对于里利恩科隆的无私关怀，里尔克从多个方面表达了感激之情。

1896年秋天，正是里利恩科隆经济条件非常窘迫的时候。这一时期，里尔克离开布拉格，前往慕尼黑。1897年的元月，里利恩科隆在《德意志晚报》上发表了《伯格弗来德》，里尔克立即撰写文艺评论对这篇作品进行盛赞，同时，他又牵头组织了一场里利恩科隆作品欣赏会，里尔克亲自作为朗诵者，并把所得的收益用于帮助里利恩科隆摆脱窘境。欣赏会过后，新闻评论界对此的反应颇为冷淡。

根据事后里尔克发出的电报内容来看，他认为这场欣赏会是极其成功的。电报内容是"里利恩科隆晚会获得圆满成功！物质与精神上的双重成功！现已向尊敬的德特勒夫汇寄300马克，同时许多内心无法平静的新朋友表示崇拜和效忠。里利恩科隆万岁！"又过了几个月，里尔克发起的"阅读会"邀请里利恩科隆去布拉格，这位文艺前辈欣然接受邀请，并在当年的5月做了演讲，反响强烈。

随着里尔克本人在文学创作上的越发成熟，他对里利恩科隆的崇拜慢慢减退，转而把目光投向更为现代化的大师身上。但是，感激之情一直延续了许多年。对里尔克作品非常熟悉的人可以发现，在里尔克创作的长篇小说中，许多人物的名字实际上来源于里利恩科隆的作品。例如长篇小说《马尔特·劳里兹·布里格手记》（简称"马尔特手记"），这其中的"马尔特"和"布里格"就是受到了里利恩科隆的绝对影响。

从1896年秋天到1897年秋天，里尔克在慕尼黑的学习和旅居生活持续了一年。在这段时间里，里尔克与学校之间是一种游离的状态，除了学习了一些意大利艺术史，其余的大部分时间，里尔克是该干什么还干什么。

他在文学上的狂热和布拉格时期一样，丝毫没有减退。他广泛地结交文友，不停地写作并尽一切可能发表作品，期间，里尔克给葡萄牙的一家杂志社写信，询问是否接受德文稿件，结果后来才得知，这家杂志社一年前就停刊了。

在慕尼黑地区的年龄相仿的文艺工作者中，里尔克结交了两个新朋友，一个叫廉·封·舒尔茨，另一个叫雅各布·瓦赛尔曼，对文艺的全新表现方式的追求把这三个人联系在了一起。舒尔茨是富家子弟，他的父亲是普鲁士的前任财政部长，在风景名胜地博登湖的湖畔拥有自家的庄园。

没过多久，舒尔茨举行婚礼，里尔克是朋友圈子里为数不多受到邀请的客人。闲暇的时候，里尔克也曾经去博登湖庄园拜访过舒尔茨。但是，两个人的友谊没有持续多久，就变得越来越疏远。关于这件事情，里尔克后来在他的中篇小说《埃瓦尔·德·特拉吉》中进行了描述，当然，涉及的人物使用的是假名。

《埃瓦尔·德·特拉吉》可以说是里尔克的自传，小说以第一人称叙述了主人公在与家人共进午餐时因为忍受不了沉闷的气氛，便借故逃了出来。紧接着，主人公告别了故土布拉格，来到了一个陌生的环境慕尼黑，虽然得到了自由，却也在内心中多了一种被遗弃的感觉。这部中篇与后来的《马尔特手记》比较起来，还有些创作手法火候不到的地方，但是在对家庭的一切情形的把握上，可以说是一脉相承。

里尔克为自己文学创作脚步的缓慢感到不安，因此，在这一段时间里，他孜孜不倦地博览群书，希望能以自己的勤奋来弥补不足之处。在阅读过程里，里尔克接触到了丹麦作家廷斯·皮特·雅可布森的作品，就是这位作家取代了里利恩科隆在里尔克心目中的地位，他对里尔克的影响是极为深远的，在里尔克内心的变革过程中起到了划时代的作用。

1847年，雅可布森出生于丹麦日德兰半岛北部的奇斯特兹，父亲经营着船运和贸易。1863年，雅可布森前往哥本哈根学习，在此期间，他翻译了达尔文的《物种起源》，向丹麦读者介绍达尔文学说。在文学方面，他开创了心理印象主义，成名作品有《玛丽亚·格鲁普夫人》《尼尔斯·伦奈》，此外，雅可布森的散文和抒情诗歌也对丹麦文学有很大的影响。1885年，雅可布森因病去世。

里尔克能够接触到雅可布森，还要感谢里尔克的朋友雅各布·瓦赛尔曼。有一天，瓦赛尔曼来到里尔克在慕尼黑的寓所，他给里尔克带来了一些书，主要是雅可布森的作品，还有屠格涅夫的小说。那时候，瓦赛尔曼已经对文艺创作和成果的评价有了比较深刻的见地，所以在选读书籍上眼光也很独到。他看到里尔克在文学创作上有些停滞不前，心里替里尔克感到着急，便带了这些书来，希望能对他有所启发。

在此之前，瓦赛尔曼已经将雅可布森尊奉为心中的神了。瓦赛尔曼几乎是以一种严厉的口吻叮嘱里尔克好好读这些书，以至于里尔克觉得这是好朋友给他下达的一项必须完成的任务。可是，当里尔克翻开书页开始阅读时，他惊讶地发现，自己在雅可布森的文字面前，犹如一个仰望阿尔卑斯山的小牧童。

在为这些充满奇迹的作品心怀激动的同时，里尔克也为自己感到懊恼，自己竟然没能主动去寻找优秀的书籍，他觉得自己在阅读方面真是笨到无地自容的地步了。那位丹麦作家使里尔克的心绪久久不能平静，在此后的许多年里，里尔克在雅可布森那里发现并经历了许多难以言说的感受，为了表达这种感受，也为了表示出雅可布森对自己意味着什么，里尔克发现自己只能用一些玄而又玄的词句。

后来，里尔克旅居巴黎，雅可布森仍然是他精神旅途上的伙伴。接触了雅可布森的作品之后，里尔克的内心生出了一种罕见的想要与其结识的迫切愿望，但是，雅可布森在1885年就已经去世了，那一年，里尔克还只是个10岁的小孩子。

虽然这样的客观现实有时会让里尔克产生一种空白感和失落感，并因此而感到难受，但是，在里尔克的内心里，他可以和这位死去多年的人坦诚相见，与在字里行间活跃的他的精神进行面对面的交流，即使后来里尔克去往雅可布森的故乡丹麦以及瑞典，这种奇异的感受仍然像河水一样不停地流淌。

关于这种情形，文学评论家曾这样解释道，里尔克对一位文学大师是否欣赏，完全取决于这位大师的理念是否与里尔克的天性相吻合。用里尔克自己的话来说就是，我的生活的整整一个阶段都可以用雅可布森这个名字来做标题，在那个年代里，他是我在天地之间唯一信奉的君王。

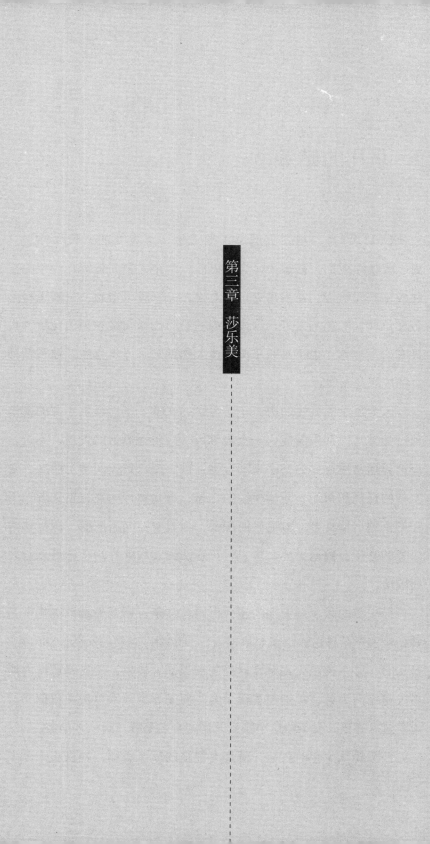

第三章　莎乐美

1. 非凡的姑娘

1897年5月，里尔克遇见了他人生中最重要的一位女性——露·安德烈亚斯·莎乐美，自此以后，两个人之间持续几十年的交往成了一段传奇。在里尔克自己看来，除了雅可布森、里利恩科隆等文学偶像的影响之外，这段缠绵的经历比任何接触到的文学都更具有心灵滋养，也正是莎乐美，极大地促进了里尔克在诗歌和精神上的成长与发展。

因为复杂的人生经历、令人惊讶的文学才华、卓尔不群的言语和行为方式，莎乐美成为一个很难用一两句话概括的人物，不过，评论界通常用这样的文字来形容她：俄国流亡贵族的掌上明珠、对上帝的怀疑和叛逆、才华横溢的作家、特立独行的女权主义者、不守妇道的出墙红杏、被尼采所深爱、与里尔克同居同游、深受弗洛伊德的赏识。翻遍世界文学史，只有法国女作家乔治·桑可以与之相媲美。

莎乐美的故乡是俄国的圣彼得堡，父亲古斯塔夫是俄国将军，曾任俄国军队总监。母亲是德国人，一位糖厂老板的女儿。1861年2月12日，莎乐美出生在冬宫对面的参谋部大楼里，沙皇特意给古斯塔夫将军写贺信，祝贺他喜得千金，新闻界也分别用俄文和德文报道了这一喜讯。父亲给这个小女儿起的全名是露·封·莎乐美。

莎乐美从少年时代起，就拥有很强的反叛心理，她喜欢一个人静静地思考，总是和周围的人保持一定的距离。父亲和三个哥哥也对她有很大的影响，在她的头脑里，男性的世界观和价值观留下了很深的印记。这使得她的性格特征中有很多男性的成分，也或许这就是为什么她可以和许多杰出男性进行思想交流的根源。

少女时代的莎乐美经常让自己的思想在非现实的世界里遨游，她的内心对未知和神秘事物的好奇心几乎是无法克制的。17岁那年，5月的一天，莎乐美在大街上散步，像是突然有什么东西在召唤她一样，莎乐美走进了平日里经常路过却极少进去的彼得大教堂。一位牧师正在布道坛上布道，莎乐美为牧师的声音所吸引，轻轻地走到前排坐下。

这位牧师名叫亨德里克·吉洛，是荷兰人。吉洛牧师相貌英俊，风度翩翩，莎乐美目不转睛地看着他优雅的手势和温柔的眼神，她被深深地吸引住了，甚至觉察不到自己心脏的跳动。她对自己默默地说道："这就是我要寻觅的人，我的孤独可以终止了。"

布道结束了，莎乐美来到了牧师的办公室。见到莎乐美略显羞涩和拘谨地站在门边，吉洛牧师站起来张开双臂，大声说道："孩子，快到我身边来！"莎乐美走了过去，投入了牧师宽大而温暖的怀抱。此后的每一天，莎乐美都过得喜悦而充实，她几乎每天都去吉洛牧师那里，做他的学生，听他讲解宗教思想。

吉洛牧师用他的信仰、知识和爱，照亮了莎乐美孤独的心。莎乐美像爱父亲一样爱吉洛牧师，内心满是崇拜和尊敬。这一年，吉洛已经43岁了，家有妻室儿女，但是他仍然爱上了眼前这个充满激情的青春少女。有一天，吉洛难以克制而又突然地向莎乐美表白道："我爱你！我爱你！您能做我的妻子吗？"莎乐美惊慌失措，最后她说道：“我走了，我永远是您的孩子，我不会忘记你的。”

这段交往就此结束了。后来，在回忆录中，莎乐美称吉洛牧师是一个灵与肉兼备的人，他并不是出现在自己眼前那么简单，而是像洒满大地的月光一样把自己包围了起来。虽然在莎乐美的一生中，吉洛这个名字没有尼采、里尔克、弗洛伊德那么响亮，但是他对于莎乐美的成长的作用是不可或缺的。

1880年，19岁的莎乐美离开故土，前往瑞士苏黎世大学求学。在大学里，莎乐美的主修科目是语言学、艺术史、哲学以及宗教，因为过于勤奋刻苦损害了身体的健康，第二年，莎乐美患上了肺结核，她不得不中断学业，去意大利进行疗养。没过多久，莎乐美在罗马结识了德国妇女解放运动的领导者玛尔维达·封·麦森堡夫人。

有一天，莎乐美出席玛尔维达夫人创立的文化沙龙聚会，认识了德国哲学家保罗·雷波。两个人十分谈得来，似乎有着与生俱来的默契。莎乐美迷人的魅力使雷波对她产生了爱意，这位充满理性的哲学家终于抵挡不住相思之苦，有一天，像所有的绅士所做的那样，雷波向莎乐美表白自己的心意，跪在地上向她求婚。莎乐美当即委婉地拒绝了，她感谢雷波的信任和体贴，她也说两个人之间确实很有默契，但是，她现在不想结婚。

雷波虽然学识广博、温和大度，但是爱而不得的痛苦依然纠缠在他的心里，他对莎乐美说，自己要离开罗马。莎乐美却表示不希望他离开，她说：“男女之间除了做夫妻做情人外，可不可以做朋友呢？”随后，她对雷波讲述了自己在19岁时做过的一个梦，她希望雷波能留下来，帮助她一起将梦境变为现实。

19岁时的莎乐美做了这样一个梦，她梦见在蔚蓝色的大海边，有一座高大漂亮的房子，客厅非常宽敞，四壁都立着书架，摆满了各种各样的书籍。从窗子就能够眺望大海，庭院里开满了色彩动人的鲜花。客厅中央摆放着一张大桌子，自己和几个男人围坐在一起，喝着香醇的热茶，讨论各种各样的话题，气氛十分融洽和欢快。房子有很多的卧室，所有的人都单独住自己的那间，大家因兴趣而聚在一起，保持着最纯洁的友谊。

　　雷波静静地听着莎乐美叙述完这个美好的梦境，答应留下来。男女之间的爱情尽管让人着迷，但是友谊也是很珍贵的，这个用情很深的男人向莎乐美说起了自己的朋友弗里德里希·威廉·尼采，并把尼采的作品拿给莎乐美看，莎乐美阅读之后，非常敬佩。两个人决定把尼采请到罗马来，加入他们的活动圈子。于是，雷波委托玛尔维达夫人给尼采写邀请信，担心尼采不愿意来，雷波随后也写了一封。

　　这一年，尼采38岁，此时的他在地中海的一个小城墨西拿休养，正在酝酿着他那本伟大的著作《查拉图斯特拉如是说》。玛尔维达夫人的信到了，尼采看了来信，信中说要向他介绍一个年轻美丽的俄国姑娘，并强调说这是一个与众不同的姑娘。

　　尼采完全没有意识到这封信对他意味着什么，在回信中，他以傲慢的口吻写道："请您代我问候那位俄国姑娘，如果这样做有意义的话。我正需要此种类型的女人。未来10年中我想做的事情有很多，因此我只能忍受两年时间的婚姻。"

2. 尼采的痛苦

1882年4月，尼采来到罗马，在梵蒂冈的圣彼得大教堂，尼采和莎乐美第一次见面了。莎乐美高雅地站在那里，脸上洋溢着灿烂的笑容，充满了青春活力，虽然还带着一点孩子气，但是在她的举手投足间，已经传递出不受拘束的自由气息。尼采在这个姑娘身上，感受到了一种无法抵抗的魅力，就像后来他自己描述的"一个在瞬间就能征服自己灵魂的女人"。当时的他完全晕了。

片刻的发呆之后，尼采的第一句话就显得非常突兀：是什么带领我们来这里见面的？莎乐美则要冷静得多，在她的眼中，尼采根本算不上是白马王子，与那些自己经常见到的华服盛装的贵族公子哥相比，尼采更像一个山野狂人。

在回忆录中，莎乐美这样形容尼采：孤僻——尼采的性格可以说一目了然；平凡——尼采的外表没有什么惹人注意的地方；朴素——尼采的衣服整洁干净；谨慎——尼采言语节制而又稍显拘束；优美——尼采的双手非常漂亮；半盲——尼采的眼睛高度近视；笨拙——尼采的客套如同戴了一副明显的假面具，人人都看得出。

当天晚上，他们彻夜不眠谈论哲学，尼采被深深地吸引了，他认为只有莎乐美才能在思想上与他相匹配，早已过了而立之年的他第一次有了爱上一个女人的感觉。莎乐美、雷波、尼采三个人决定，各自抽出一年的时间维护他们交流的小圈子。

接下来是一段充满快乐的时光，三个智慧的人生活在一处，在精神世界里探索和交流，进入对方的思想深处寻找共鸣，当然，在这期间，争吵也是不可避免的。尼采向莎乐美求婚了，如同对雷波的态度一样，莎乐美同样婉言拒绝了，但是尼采并没有放弃的打算。

夏季来临，三个人一起去阿尔卑斯山地区旅行。有一天，尼采和莎乐美两个人去萨库蒙特山爬山，后来尼采写下了这样一句话：萨库蒙特山，感谢你让我拥有了人生最美妙的梦想。因此有的研究者便根据这句话猜测，尼采和莎乐美当天可能做了超出友谊范围的亲密举动。但是，晚年的莎乐美回忆关于萨库蒙特山的这段悬案，她说至于有没有吻过尼采，连她自己也记不清楚了。

没过几天，尼采再一次向莎乐美求婚，得到的仍然是拒绝，哲学狂人的自信这一回受到了很大的打击，但是在表面上并没有过多地流露出来。随后，他提议自己和莎乐美加上雷波拍一张合影，得到他们的赞同后，尼采要求他们一定要按照他的想法摆姿势，于是，这张很有意思的照片便流传于世了。

照片的正中央是一辆小马车，莎乐美坐在马车左侧的厢板上，她的手中拿着一节丁香树枝，并将象征鞭子的树枝举起，这是尼采要求她这样做的。精神奋发的尼采站在前面拉着车杠子，雷波站在尼采与莎乐美之间，一根麻绳把雷波和尼采缠绕在一起，象征他们俩是拉车的马。摄影师对这样的造型感到不可理喻，尼采解释说只有这样才能反映出目前三个人之间的关系。

对于尼采来说，和莎乐美的交往是一段快乐和痛苦交织的旅程。一方面，他们可以相互抵达对方思想的深处，堪称知己。莎乐美曾经这样评价他：尼采的个性充满了英雄主义气质，这是他最基本的也是始终如一的特点，他的所有个性和情欲都烙上了英雄主义的印记。作为一个全新宗教的福音使者，他的辉煌登场将会使我们铭记于心。

另一方面，在情爱问题上，莎乐美一直信奉"精神上的好感绝对不能代替感官上的激情"，也就是说，莎乐美只是欣赏尼采的天才，是精神上的好感。但是作为一个男人的尼采，他并不能吸引莎乐美，这就是为什么莎乐美拒绝了他的两次求婚。当然，这使得尼采痛苦万分，陷入其中几乎无力自拔。

莎乐美的母亲不了解女儿的内心想法，担心莎乐美一朝感动会答应尼采的求婚，便像大多数的母亲那样唠叨起来："和尼采在一起，你是不会得到幸福的。当然，我说的幸福是指世俗的幸福，他或许会成为一代圣人，但是脱离了尘世的幸福，即使做个圣人又有什么好的？愿上帝原谅我这样说，但这就是我的意见。"

莎乐美的母亲接着说："尼采先生还亵渎神明，身体也不健康，虚弱得人人都看得出，你怎么可以嫁给这样一个人？嫁给他就意味着你要做一辈子的护士或者医生，除非你疯了才会选择这个。另外，他的母亲和妹妹容不下你的，会千方百计逼你离开。我的孩子，千万不要执迷不悟。"因为尼采是他家里面唯一的男性，所以尼采的母亲和妹妹对他的关注超乎寻常，莎乐美的母亲在这一点上看得很准。

此时，尼采的妹妹伊丽莎白因为嫉妒他们的亲密关系，便散布流言蜚语，挑拨离间。伊丽莎白一向以哥哥的保护神和知己的形象自居，她见到莎乐美的风头处处盖过自己，哥哥意乱情迷得像一个傻瓜，使得自己越来越受到冷落，她的心里对莎乐美产生了深深的敌意。女人之间的怨恨犹如绳子打了一个死结，是很难解开的。伊丽莎白便找准了哥哥的软肋，对莎乐美进行恶意中伤。

被绝望情绪深深笼罩的尼采开始萌发恨意，在给雷波的信中，尼采偏激地写道："她把地球上最伟大的天才当作玩物，竟然不觉得羞耻。"在这样的情形下，三个人的友谊也很难再保持了。当年8月，莎乐美和雷波前往斯迪堡游玩，由于心存芥蒂，他们没有礼貌性地邀请尼采，而被晾在一边更加让尼采感到愤懑。

到了11月份，尼采和莎乐美最后一次见面，此时距他们第一次会面，刚刚半年多一点。在莱比锡火车站，尼采目送着莎乐美登上火车，走远了。他痛苦地意识到，这或许就是今生的永别了，两个人不会再见面了。孤独感与被遗弃的感觉如同潮水般袭来，尼采甚至冒出了自杀的念头。这一年的冬天，尼采避居在瑞士的一个湖边寓所，治疗心灵的创伤。

也是在这个冬天里，伟大的杰作《查拉图斯特拉如是说》诞生了，这是尼采的巅峰之作，他只用了10天的时间就将它完成了。德国作家萨尔波曾经颇有针对性地说过：莎乐美是具有非凡能力的缪斯，与这位女性交往的男人们会受孕，与她邂逅几个月的时间，就能为这个世界产下一个精神上的新生儿。

萨尔波的评论是很有道理的，也可以这样说，没有莎乐美，或许就没有《查拉图斯特拉如是说》的诞生。但是，精神上的痛苦同时也产生出了负面作用，在几年以后，尼采写下了这样一句话："你要去女人那里吗？别忘了带上你的鞭子！"这句话表明尼采对女性的仇视达到了无以复加的地步，但这更像是仅仅针对莎乐美而说的泄愤的话。

此后，尼采没有再爱上别的女人，更没有结婚。他像个苦行僧一样，在这个风雨飘摇的世界里游荡，几乎终日沉思冥想。1889年，由于长时期不被人理解和难以忍受的孤独感，灾难性的后果爆发出来，那一天，在都灵大街上走路的尼采，看到一个马夫正在鞭打一匹马，他瞬间失去了理智，上前抱住了马的脖子，热泪盈眶地喊道："我的兄弟！"

几天后，他的朋友赶到都灵，将他带回柏林。随后，尼采住进了精神病院。1890年5月，尼采的母亲把他接回家中照料。1897年4月，尼采的母亲去世。妹妹伊丽莎白把尼采接到了自己家里面，十分用心地照顾他，尽量满足他的一切愿望。1900年8月25日，这位有些生不逢时的哲学家在妹妹家中去世，终年55岁。

3. 里尔克生命里真正的女人

下面我们再掉转话头来说说莎乐美。1883年，在和尼采彻底断绝关系后，莎乐美和雷波来到柏林定居，他们的关系既不是夫妻也不是情人，只能说是在生活上互相体贴的伙伴。雷波把对莎乐美的爱意藏在心底，像一位兄长那样关心和爱护她。莎乐美在精神上鼓励着雷波，用生活的热情把雷波从自暴自弃的悲观情绪中解救出来，将新的活力注入他的生命。这样的互补方式使得他们的关系很和谐。

1885年，莎乐美的处女作《因上帝而战斗》在德国出版，小说讲述了一个悲剧故事，主人公库诺在失去了信仰之后，几经波折，找到了真正的自我，也找到了存在的意义，最后，他用自由精神去完成自己的使命。莎乐美在这篇小说里想表达的就是如果一个人失去对上帝的信仰，他究竟应该怎么样安慰自己。另外，主人公库诺颇有几分英雄主义的气质，这不禁又让人联想到或许有尼采的些许影子。

第二年的夏季，又一个男人闯进了莎乐美的生活，他叫弗里德里希·卡尔·安德烈亚斯，在柏林从事西亚语言学的研究教育工作，他比莎乐美年长15岁。这一次登门不是礼节性的拜访，而是开门见山的求婚，早年的时候，安德烈亚斯曾经在中东有过一段很长时间的冒险经历，这一回的求婚也是充满了冒险主义精神，颇有不达目的誓不罢休的气魄。

莎乐美发现，这个男人有一种用理智无法与其抗衡的魅力。最后，安德烈亚斯甚至以自杀相要挟，莎乐美终于答应了他的求婚，不过她提出了两个条件，一是必须要保持她和雷波的友谊和现有的生活方式，即使是婚后也不能破坏这个约定。二是他们的婚姻只能是无性婚姻。令人大跌眼镜的是，安德烈亚斯答应了这两个条件，而且这样的婚姻一过就是43年！

在同时代的社交文艺圈里，人们都觉得莎乐美对婚姻是持否定态度的，所以她订婚的消息一经发布，便引起了一片轰动。让爱慕莎乐美多年的雷波震惊之外，还是无法理解莎乐美的行为。莎乐美早已想到了这一点，所以从一开始她就向雷波解释自己为什么这样做，但是雷波已经听不进去了，他内心里最后一点残留的希望彻底被绞碎，除了离开伤心之地，他觉得别无选择。

雷波悄悄地离开了，此后再也没有与莎乐美联系，直到1901年深秋的一天，莎乐美接到了一条不幸的消息——雷波坠崖身亡了。出事的地点就是他和莎乐美曾经共同避暑游玩的地方。后来又得知，在他生命的最后几个夏季与冬季，雷波都是独自一人在那个地方度过的。所以，雷波很有可能是多年来仍然无法消解心中的伤痛，万念俱灰之下，选择跳崖自尽，用这种令人扼腕叹息的方式寻求了解脱。

对于雷波的死，莎乐美是怀着内疚和负罪感的，同时，她又认为良心不安是软弱的表现，所以，自我否定和自我肯定纠结在一起，变成了潜伏在心底的一条伤痕。我们再把视线转回1887年，在那位吉洛牧师的主持下，莎乐美与安德烈亚斯在荷兰成婚，同时她也按定例把丈夫的姓加在名字里面，变为露·安德烈亚斯·莎乐美。

婚后，这对夫妇仍然在柏林居住，度过了一段平静的日子后，莎乐美重新回到柏林的文艺圈和社交圈里，她依旧像一颗彗星一样，无论走到哪里，都会成为惹人注目的亮点。关于莎乐美的婚姻，也是很值得推敲的，为什么她选择了安德烈亚斯，而没有选择别人？为什么这种奇特的无性婚姻能维持一辈子？这仿佛是一个令人百思不得其解的谜。

最合理的解释是安德烈亚斯是一个极其知足的人，他既然已经做了莎乐美名义上的丈夫，就不再允许自己有更进一步的想法。安德烈亚斯充当的是一个保护人的角色，而这正是莎乐美想要的，虽然追求她的男人很多很多，但是想在婚姻的范围内同时拥有绝对的自由，这一点只有安德烈亚斯才能给予，他是不可替代的。总之，在莎乐美的一生中，没有任何一个男人可以完完全全地占有她，她是一个独立而自我意识极强的女人。

在接下来的时间里，莎乐美在文学事业上取得了令人瞩目的成就。10年的时间里，莎乐美总共完成了8本著作和50多篇文章，最值得一提的是她在1894年出版了《弗里德里希·尼采及其著作》，这是莎乐美精心写成的论著，也可以说是对那段友谊和情感的一种纪念方式。

另外，脍炙人口的小说《露特》也在这期间诞生。在创作手法上，莎乐美十分成熟地运用了象征主义和文学心理学，这在当时的文学界是超前的，莎乐美也因此而跻身于著名作家的行列，成为文艺上持不同见解、又具有批判精神的美女新锐作家。

1897年4月底，莎乐美从柏林的施玛尔根多夫寓所来到慕尼黑，正是春光明媚的时节，她打算在此地旅居一段时间。过了些时日，里尔克从友人那里得知莎乐美正在慕尼黑的消息，此前，里尔克已经拜读过她的那些大作，感佩之至，盼望能与她结识。现在，这位著名的女作家就在同一个城市，大好时机岂能错过。

5月12日，里尔克的朋友瓦赛尔曼在家里举办了一场文艺座谈会，莎乐美也应邀前来了，这是里尔克与莎乐美的第一次见面。这一年，莎乐美36岁，里尔克22岁。在没有见到莎乐美之前，里尔克是因为她的作品和名气而崇拜她，当他见到了莎乐美的庐山真面目后，他就彻底为其与众不同的冰雪气质和超凡脱俗的美貌所倾倒了。

在里尔克文弱的外表下，他那颗孤独的心一下子火热起来，爱恋的岩浆喷涌而出，甚至比当年的尼采有过之而无不及。第二天，里尔克给莎乐美写了一封信，原文如下："亲爱的女士：在我的记忆里，昨天的相遇并不是我与您第一次坐在一起，还有另外一个黄昏时刻，我那时极力想象您就在我的眼前。

"去年冬季那些日子里，我窝在狭窄的房间里一声不吭地工作着，在这样的环境里，一些零七八碎的思想在头脑里打转，但是现在，今春的春风已经把这些可怜的思想吹散了。也就是在去年的那个时候，康拉德博士给我寄来了一本4月号的《新德意志评论》。里面有一篇题为《犹太人耶稣》的文章，他要我格外留意。为什么会这样说呢？他曾经读过我的《基督幻象》的一些纸稿，认为我会对杂志里的这篇高妙文章有兴趣。

"但是康拉德博士理解错了，我沉浸于您的这篇文章并不是因为兴趣，而是有一种宗教般的信心引导我坚定而严肃地行进，愉悦的感觉铺天盖地，我在《基督幻象》中试图要表达的伟大信念，您轻而易举地就有力地传达了出来。这就是我头脑里闪现出的那个黄昏时刻，昨天，它不由自主地跳了出来。

"亲爱的女士，是您使得我的作品得到了一定程度上的认同，这要感谢您的大作的滴水不漏的严谨，以及其中蕴含的强大力量。我仿佛是一个美梦成真的人，但同时也是喜忧参半，因为相比较之下，我的诗歌只能说是触手可及的现实，而您的文章才是我希望达到的憧憬和愿望。

"为了昨天下午的相会，我到底怀着多大的焦急与等待，想必您已经了解了。我可以在昨天就将这一切倾诉出来，一群人围在一起喝茶，说一些仰慕已久的体面话是多么美好啊。但是，我觉得这已经不是非说不可了。黄昏时刻的面对面独处，必须而又需要得到再次实现。此时此刻，我心满意足，任凭内心的激动荡来荡去。

"如果一个人要向另一个人展示自己的珍藏与收获，我想这应该是两个人之间的默契的约定。也许有一天，我可以朗读《基督幻象》里的某一首诗给您听，但现在它还只是草稿，更大的欢乐还无法预见。亲爱的女士，明天是星期五，我会去加特纳剧院，希望您也能去。很久以来，我就希望能用文字表达我的仰慕，现在做到了，真是难得的恩泽。"

当天，莎乐美就收到了这封信，署名是"勒内·玛丽亚·里尔克"，她记得这个人，安安静静地把信读完了。整封信的大部分是对自己的恭维和仰慕，结尾处表明了希望可以约会并聆听她教诲的心愿。这种类型的信件莎乐美不知收到过多少，装满一箩筐也是毫不夸张，所以她对这一封也没有太在意，一会儿就淡忘了。

5月14日，里尔克准备了一束娇艳欲滴的玫瑰花，在加特纳剧院兴致勃勃地等待着。几个小时过去了，莎乐美并没有前来，很明显她根本没有来这里的打算。里尔克变得有些失魂落魄，他抱着那束玫瑰花，在慕尼黑的大街上漫无目的地走着，他的脸色即使是陌生人看了，也明白他害了相思病。周围的行人们投来各种各样的目光，里尔克毫不介意，他只幻想着或许可以和莎乐美在街上偶遇。

可以看得出，莎乐美最初对自己与里尔克的关系并没有特别在意，以她的阅历和年龄，她完全可以理智地看待一切突如其来的情感表达。而里尔克呢，他不仅强烈地感受到了男女之间的爱意，也知道自己可以从莎乐美那里获得学识和荣誉，还有，里尔克一直觉得自己的生身母亲苏菲缺失了某方面的完美母亲形象，如今，那部分缺失的母亲形象竟然在莎乐美的身上找到了。

这样，对莎乐美的火热的爱情中掺入了恋母情结，里尔克无法控制自己，他像一个男孩一样将自己的情感毫不保留地诉说。在给莎乐美写的求爱信中，里尔克用诗人的语言写道："我不要鲜花，不要天空，也不要太阳，我要的只是你。"从客气的"您"变为炽热的"你"，这个称谓的改变也可以看出里尔克的心绪激荡。

到了6月份，里尔克更加频繁地展开爱情攻势。"我要通过你看世界，因为这样我看到的就不是世界，而永远只是你、你、你！只要见到你的身影，我就愿向你祈祷；只要听到你说话，我就对你深信不疑；只要盼望你，我就愿为你受苦；只要追求你，我就想跪在你面前。"

透过这样的词句，仿佛可以看得见里尔克将自己如火如荼的心袒露了出来，除非没长心，任何女人都会为之动容，更何况莎乐美那样卓越的女人。里尔克深深的迷恋打开了莎乐美心中那扇封闭了很多年的大门，她身上天生具备的母爱的情怀也被这个小伙子唤醒了。莎乐美有了一种奇妙的感觉，新奇而又美好。

当莎乐美再次见到里尔克的时候，她伸出手臂，紧紧地握住里尔克的手，开始了这一段即将被传为佳话的爱情。她也早就洞察到，里尔克虽然性格腼腆，身体瘦弱，却是一块非凡的璞玉，如果假以时日用心雕琢，必定能成为诗歌界的王者，光照欧洲。在里尔克那里，莎乐美既是情人，又是事业领路人，还充当着母亲的某些角色。

6月中旬，莎乐美及其闺蜜弗琳达还有里尔克一起动身去度假，地点是位于伊萨尔河谷的沃尔夫拉茨豪森，那里以田园风光而出名，适合消暑度假。知名的建筑师恩德尔也在这里休闲，大多时候，这些各界的知识分子精英聚在一处，畅谈，跳舞，共进晚餐。这是一段非常美好的时光，莎乐美和里尔克除了心灵上的交流，他们也体验了情人之间应该有的亲密接触。

在这次恋爱历程里，莎乐美体会到了作为女人的全部内容，里尔克更是前所未有地感觉到身体与心灵完满地融为一体，他整个人像是经历了一场神圣的洗礼，变得神采飞扬。莎乐美称里尔克为她生命里第一个真正的男人，在回忆录中，莎乐美这样写道："如果说我是你多年的女人，那是因为你首先向我展示了真实，即肉体和人性不可割裂的一个整体，生活的本质状况也因此不可怀疑。"

莎乐美对于里尔克是有着非凡的影响力的，关于里尔克名字里的"勒内"，莎乐美觉得它脂粉气太重了，建议里尔克将其换成"莱纳"，这样更雅致，更德语化，也更符合他作家的身份。里尔克毫不犹豫接受了女友的建议，因为原来的名字是母亲苏菲给起的，要顾及母亲的感受，所以里尔克特意给母亲去信，解释以"莱纳"替换"勒内"的种种好处。这样，里尔克的全名正确写法为"莱纳·玛丽亚·里尔克"。

到了9月初，莎乐美去哈莱恩看望一个朋友，里尔克则返回了慕尼黑。在古希腊神话中，大力士安泰俄斯的母亲是大地之母该亚，只要安泰俄斯的双脚不离开地面，就能从母亲那里源源不绝地获得能量。莎乐美便是里尔克的大地之母，精神之母，在莎乐美的身边，里尔克的诗歌创造力空前饱满，灵感也随着纷至沓来，诉诸笔端唯恐不及。

如果莎乐美不在里尔克的身边，这个小伙子几乎会立刻陷入相思之苦，也无法集中精神进行文学创作。这时候，莎乐美便会写信安抚里尔克："不要心急，我的孩子。你必须学会独处，在安静中等待回应，使自己慢慢成长起来。真正的艺术家不可避免地要经历长久的苦痛和无限的孤独，你要忍耐，忍耐，再忍耐，终有一天你将崭露头角，一鸣惊人。就像总有一天我会再次回到你的身边。"

10月1日，莎乐美从哈莱恩回到了柏林，没过几天，里尔克也从慕尼黑搬到了柏林。他在维尔莫斯多夫区找了一间寓所，在那里一直住到了第二年的夏天。莎乐美担心里尔克的天分会在误打误撞的路上迷失，便建议里尔克利用在柏林的这段时间去大学听课，弥补知识方面的缺陷，加强文艺理论修养，培养自身的文化底蕴。

在大学课堂上，有哲学家席默尔的课，也有历史学家布莱希西的课，里尔克经常去听讲。此外，他还在攻读意大利文艺复兴艺术史。闲暇时，博物馆、展览会和剧场则是里尔克经常光顾的地方。

当年11月，著名诗人格奥尔格在柏林举办自己诗作的朗读会，里尔克和莎乐美也出席了。当时，格奥尔格主编着一份高级文艺杂志《艺术之叶》，面对的读者都是已经取得一定地位的文艺人士。《艺术之叶》正在开展选出核心读者圈成员的活动，里尔克对此特别感兴趣，便写了一封长信给格奥尔格，表示要订阅《艺术之叶》，希望有优先加入核心读者圈的权利，可惜未能如愿，格奥尔格甚至连一封礼节性的回信都没有。

莎乐美对里尔克的文学上的指点是以寓教于爱的方式进行的，就像母亲的叮咛一样，这些点拨都因适时适地而取得了明显的效果。但是莎乐美更加明白，不论两个人之间的关系有多火热，也应该给里尔克恰当的个人自由与孤独感，他必须拥有自己的时间与空间，不能听任他的头脑被情欲的火焰灼烧。这对于一位正处于蓬勃上升阶段的诗歌天才来说，是十分必要的引导手段。

1898年春天，莎乐美回俄国探望身患重病的哥哥，临行之前，莎乐美建议里尔克利用这段时间去佛罗伦萨，实地考察意大利的艺术，要求他以日记的形式，将所见所闻所想都记录下来，里尔克欣然从命。在到达佛罗伦萨之前，里尔克先到了阿尔科城看望母亲苏菲。

在佛罗伦萨，里尔克一边四处游览，一边用游记的形式书写日记，在美丽的风景建筑面前，里尔克将自己的感悟变成有内涵的词句，期待完成之后第一个给莎乐美欣赏。此时的里尔克在莎乐美面前是自愧不如的，或许此时他想努力缩小自己与女友之间的境界上的差距，但是这一切还需要时间来打磨。

里尔克还在那里邂逅了德国画家海因里希·福格勒，两个人入住的是同一家宾馆。一位瑞士富商在宾馆里举行晚会，邀请宾客参加，里尔克和福格勒就这样巧遇了。虽然国度不一样，但都来自德语国家，在外乡相遇，本应该十分亲热，令人惊讶的是两个人互相问好之后，竟然整个晚上都没有交谈一句。

晚会结束了，两个人也只是礼节性地握了一下手，仍然没有说话，然后回各自的房间。福格勒在回忆录里这样写道："佛罗伦萨一片灯火闪烁，我们像是熟人一样被招待。没人告诉我他叫什么名字，我也是刚刚遇到他，他沉思时的模样与众不同，这让我印象深刻。他的双手不时举起来，仿佛马上就要开始祈祷，我觉得自己面对的似乎是一个修士。"

后来，福格勒向同行的朋友打听，才知道这个沉默寡言的人就是诗人里尔克。福格勒尝试着给里尔克写信，希望能多多交流，随着往来的深入，他们发现彼此在文艺上有很多共同话题和相通之处。最终，两个人结下了深厚的友谊，福格勒也是第一位与里尔克交往的青年画家。

所有想看的艺术品都欣赏完毕之后，里尔克来到了意大利的一个海滨小城，继续写作他的《佛罗伦萨日记》。盛夏7月，他离开意大利，先后在布拉格和柏林稍作停留，最后来到一个名叫索博特的海滨小城，并在这里继续写作，《佛罗伦萨日记》就是在这里完成的。随后，他回到了自己在柏林的寓所。

完成了新作品的里尔克沉浸在喜悦之中，他要把这部自己还算满意的作品奉献给莎乐美。在给她的信中，里尔克写道："你的心弦华美地堆砌在一起，不论我走得多远，你总是在我的前面。在你的面前，我是那么微不足道，我所努力奋斗的对于你来说早已取得成功。我新完成的作品属于你，我将把它赠送给你。"

过了几天，里尔克从维尔莫斯多夫区的寓所搬了出来，移居到施玛尔根多夫的幽林住宅，这样，他就和莎乐美成了邻居，可以朝夕见面。当然，莎乐美是和丈夫安德烈亚斯住在一处的。在这一年里，里尔克为莎乐美吟唱的情诗可以汇成一本诗集。在日常生活方面，里尔克和他的近邻们一样过得非常简朴，有时，几个人会去鲍尔斯波尔恩闲逛，只需沿森林走上几分钟就能够到达。

1898年11月，回国之后的福格勒去柏林拜访里尔克，并停留了几天。临走的时候，他邀请里尔克闲暇时去自己的住地沃尔普斯韦德游玩。到了12月，里尔克前往沃尔普斯韦德，并在福格勒家里过了圣诞节。两个人相谈甚欢，还制定了一些对未来的发展计划，不过这些计划只实现了一点点，颇有些纸上谈兵的意味。

沃尔普斯韦德位于安培河畔，在不莱梅与汉堡之间，本是个名不见经传的集镇，不过这里的风景确是十分动人的。1889年的时候，几位年轻画家到这里来采风，一下子被这里迷人的气质所吸引，随即决定在沃尔普斯韦德定居。在此之后，一群志同道合的朋友相继被吸引而来，沃尔普斯韦德成了远近闻名的"画家村"，变成了代表德国绘画进步艺术风格的重镇。

1895年的时候，福格勒在沃尔普斯韦德买下了一所幽静的住宅，并在房子周围种了很多桦树，房子就取名为"桦树小屋"。因为房间宽敞，村子里的文艺人士经常在桦树小屋开文艺座谈会。

4. 两次俄国之行

去俄国旅行已经酝酿了很久，莎乐美和里尔克的往来信件中也有提及，到了1899年4月中旬，他们终于踏上了旅程。一行三个人，里尔克、莎乐美、安德烈亚斯。或许在外人看来，这三个人在一起会非常别扭，但是在他们自己看来，似乎觉得很正常，没有任何不便之处。莎乐美犹如一位女王，里尔克和安德烈亚斯是陪伴女王的侍卫，一切自然由莎乐美做主。此时，距莎乐美离开故土求学，已经20年了。

4月27日，他们抵达了莫斯科。第二天晚上，71岁高龄的文学泰斗列夫·托尔斯泰接见了他们，尽管托尔斯泰强烈建议他们不要参与复活节这种民间迷信活动，但是他们在接见谈话结束之后，还是怀着兴奋的心情，在克里姆林宫的钟声里度过了一个令人难忘的复活节之夜。里尔克在后来给莎乐美的信中回忆道："我有生以来只经历过这一次复活节，我想人生有此一次足矣。"

此后，里尔克结识了两位俄国著名画家，一位是列昂尼德·奥西波维奇·帕斯捷尔纳克，莫斯科美术雕塑与建筑学的教授，也是卓越的画家，曾经为托尔斯泰的作品画过插图。他的儿子鲍里斯·列奥尼多维奇·帕斯捷尔纳克后来成为一位世界级的作家，以长篇小说《日瓦戈医生》获得1958年诺贝尔文学奖。另一位是伊利亚·叶菲莫维奇·列宾，19世纪后期俄国批判现实主义绘画大师，代表作品《伏尔加河上的纤夫》。

在圣彼得堡莎乐美的亲戚家里，一行人住了一个半月，日子也是过得多姿多彩，与新朋友聚会聊天，欣赏艺术作品。随后，他们又回到莫斯科小住了3天，之后踏上了回程，经过了丹泽和索博特，进入德国，于7月1日回到柏林。

此次俄国之行，莎乐美和里尔克都有很大的收获。里尔克的收获主要是指文化意义上的，西方世界里找不到的素材在俄国被发现了，尤其是那片广阔的土地上所呈现出来的民情与民风，令里尔克印象深刻。

莎乐美的收获则是指生命意义上的，回到了阔别已久的故乡，见到了久违的亲人和儿时的伙伴，记忆的源头便是在这里。莎乐美内心激动得无以名状，仿佛重新经历了第二次青春。不过，这次俄国之行时间过于紧凑，观察还不够细致，需要在理论上加以深化，于是，莎乐美和里尔克开始对其进行系统化的探讨，为第二次俄国之行做准备。

在朋友弗琳达的避暑别墅里，莎乐美和里尔克住了一个多月，以极大的热情做着探讨和研究，整天学习俄国的文学和艺术史，还有俄语，仿佛准备一场非常重要的考试。等到吃饭时，弗琳达想和他们说说话，发现这两个人已经很疲倦，没有兴致和她说话了。弗琳达感觉自己不像这屋子的主人了，不免有些抱怨。

1900年春末，第二次俄国之行开始了。他们从柏林出发，这一次安德烈亚斯没有同行，只有里尔克和莎乐美两个人。我们不得不惊讶于安德烈亚斯对婚前承诺的恪守，坚决不会干涉莎乐美的私生活。因为事前已经做了充足的准备，所以这次的出游比上一次要丰富得多，两个人还计划去俄国的南部看一看。

5月10日清晨，里尔克和莎乐美抵达莫斯科，在友人索菲亚·谢尔的引荐下，他们当天就拜访了沙霍夫斯基侯爵及其夫人莉迪雅·雷培辛娜，莉迪雅的母亲是德国后裔，所以莉迪雅本人精通德语。在侯爵的陪伴下，里尔克和莎乐美参观了克里姆林宫和其他博物馆，侯爵还对他们接下来的旅行提供了很好的建议。

此后，里尔克与沙霍夫斯基侯爵有通信往来，而莎乐美和莉迪雅的联系要更频繁一些，值得一提的是十多年后，即1913年，莉迪雅夫人将里尔克的名作《马尔特手记》翻译成俄语，填补了这方面的空白，这也是他们之间友谊的良好见证。

里尔克和莎乐美在莫斯科住了3个星期，随后，他们前往图拉，托尔斯泰的雅斯纳亚·波良纳庄园就位于那里。到达托尔斯泰庄园的那天，早晨的天空灰蒙蒙的，过了一会儿逐渐放晴，此后时而阴天、时而晴空，广阔的草原上盛开着数不清的铃兰和勿忘草，光影的变幻交织之下，扑面而来一片柔和而又迷人的气息。

波良纳庄园里有许多树干雪白的桦树。托尔斯泰的长子利沃维奇出来迎接莎乐美和里尔克，并陪着他们走过花园。托尔斯泰在前厅的玻璃门后面等待着，当莎乐美和里尔克再次见到这位伟人时，与上一年迥然不同的是，他给他们的印象是奇特而又令人震撼的。

托尔斯泰仿佛是一个高度精神化的人，一个已经不属于尘世的人。72岁的他身体瘦削，腰略微有些弯，上身穿着黄色针织西式夹克，白发从帽子的边缘扎挲了出来，清癯而又精神焕发的面孔上，双眼清澈无比，似乎一切都可以被他所洞察。

随后，年迈的托尔斯泰和他们再次来到花园，莎乐美和里尔克不再观察风景，而是观察托尔斯泰对周围的风景作何反应。托尔斯泰时不时弯下身去，采摘着正在盛开的花朵，黄色的矢车菊或者蓝色的勿忘草。然后，他把花朵凑近鼻子，深深地吸一口气，享受着它们的芳香，之后就把它们丢掉。

聚在一起用餐的时候，里尔克和莎乐美吃的是烤肉，托尔斯泰则神情自若地吃着稀粥。餐厅的墙壁上挂满了托尔斯泰祖先的画像，在角落里还有托尔斯泰自己的两张画像，不过，托尔斯泰在自己的家里也像是一个孤独者，如同处在一个完全陌生的世界里面，这让远道而来的客人总感觉有些寂寞清冷。当然，托尔斯泰也会微笑着和他们说话，莎乐美和里尔克则需要把他的话在心里沉淀一下才能完全理解。

告别了托尔斯泰后，他们俩来到基辅，停留了两个星期，这个城市所展现的历史和艺术给他们留下了无法磨灭的印象。在这里，里尔克被俄国人民的虔诚深深感动，最后，他自己也手持蜡烛融入宗教游行的队伍里。在这之后，两个人乘船去克列缅楚格，略作停留之后，经波尔塔瓦和哈尔科夫到达沃罗涅什，最后向东到达萨拉托夫。

6月末，里尔克和莎乐美沿水路途经几个城市，到达了伏尔加河右岸的亚罗斯拉夫。这座城市始建于公元1030年，创建者是"智者"亚罗斯拉夫，城市以其名字命名。这里风景宜人，几十座古老的教堂坐落在这个城市里，显示出了非凡的气度。林荫道非常宽阔，适合散步或坐马车悠闲地观光，里尔克和莎乐美一下子爱上了这个地方。

一位马车夫建议两个人可以到克雷斯塔这个地区看一下，这个随口而出的建议成就了两个人一段难以忘怀的经历。因为自从踏上俄国的土地，莎乐美就渴望能在真正的乡村生活几天，在这个地方，夙愿终于得到实现。那天下午，里尔克和莎乐美去村子里寻找住处，天气晴和温暖，两个人兴致很高。

找了很长时间，终于找到了一个合适的住处。女房主名叫娜塔莉亚·米哈伊洛夫娜·马卡洛娃，她家里有一座刚建好的小木屋，还没人在里面住过，屋子里空荡荡的，刚砌好的炉子还没有干透。这里的风景十分优美，站在门口，就可以望见波光流动的伏尔加河，不时有轮船驶过，汽笛声穿云渡水而来，听得十分真切。

当晚，里尔克和莎乐美就住在小木屋里。当地人睡觉用的铺盖是一个很宽大的干草袋，主人马卡洛娃已经为来客准备好了一个。莎乐美表示一个不够用，因为他们是两个人。马卡洛娃有点为难，或许她以为这对情侣是会住在一起的，如果再拿过来一个干草袋，她的4个女儿里就要有一个和别的姐妹共用，犹豫了一会儿，马卡洛娃还是又拿了一个。

房子还散发着新鲜树木的香气，两个人喝着农家自制的饮品，望着门外明朗的夜空，感觉美妙极了。后来，里尔克和莎乐美不习惯屋子里没有照明，就把随行李带来的灯点亮了，但是很快就招来了蚊子。因为蚊子的叮咬，两个人睡得很不安稳，第二天早晨4点钟，他们就起来了，两个人的头发上都挂着细碎的草叶，不禁相视而笑。

此后，里尔克和莎乐美在这里悠闲地住了3天，读书，写信，到村子里散步，采摘鲜花，听马卡洛娃讲述一些古老的事情，他们也越来越喜欢马卡洛娃，听她讲故事就像在聆听一部编年体的史诗。期间，当地的行政人员还来过一次，目的是查看里尔克和莎乐美两个人的护照。

离开的那天，马卡洛娃和大女儿格林卡帮助他们拿行李，马卡洛娃还在一个农家陶罐里插满了高大的鲜花，并把它送给莎乐美。临别的时候，马卡洛娃对里尔克说道："你也是一个平常的人。"这句看起来很平常的话让里尔克喜不自胜，或许，这是里尔克一生中得到的最真诚、最让他满意的评价。

多年以后，莎乐美对这一幕仍然印象深刻。另一个有意思的细节是，旅行之初，两个人向一个农民问路，那个农民得知他们从德国来，便开口问道："你们花了多少个二十四小时才到达这里啊？"里尔克的脸上满是惊异，仿佛第一次听到这样的问话。

莎乐美和里尔克于7月6日返回莫斯科，并在那里住了近半个月。早在第一次俄国之行的时候，里尔克和莎乐美就听说莫斯科郊外住着一位农民诗人，名字叫斯皮罗登·迪米特里耶维奇·杰罗茨辛，因为行程紧凑，当时没有拜访。回到德国后，里尔克收到了友人寄来的杰罗茨辛的诗集《一位农民的诗歌》。里尔克从这本集子里选出两首翻译成德语，并把它发表在《布拉格日报》的副刊上。

有了这样的渊源，此次俄国之行他们决定拜访这位农民诗人。7月15日，他们给杰罗茨辛写信，说明了希望会面的意愿。杰罗茨辛欣喜异常，立即回信表示随时欢迎贵客的到来。随后，里尔克和莎乐美前往杰罗茨辛的所在地，一个名叫尼索夫卡的小村子。

在那里，他们受到了热情的款待，莎乐美对杰罗茨辛的妻子印象深刻，这位农妇几乎是昼夜不停地劳动，有时候疲劳过度，连吃饭都没有食欲，在田地里忙农活的时候，如果口渴，就从水泽里用手捧些水喝，几乎顾不得水里的灰尘和草叶。在她身上所体现出的原始的质朴和强大的韧性，令这两个外乡人甚为感动。

里尔克和莎乐美还看望了杰罗茨辛70岁的老母亲，这位老人看上去要比实际年龄年轻十多岁，牙齿也没有脱落，一头金色的头发，脸上总是带着笑意，走起路来一点也不迟缓。莎乐美在与这位老母亲说话的时候，发现她的神态很像先前的马卡洛娃，谈起一些人物和事情，老母亲都会以一种虔诚般的温柔诉说，因而即使很微不足道的事情在她的讲述下，也变得有魅力起来。

当月月底，两个人又来到圣彼得堡，之后里尔克在当地的图书馆找了一份临时性的工作，其间与文艺人士交往很多。莎乐美则前往芬兰探望亲戚，尽管这样的短暂别离不值得大惊小怪，但是里尔克因为女友不在身边，仍然变得坐立不安起来。于是他写信给莎乐美，要她尽快赶快回来。莎乐美从芬兰返回之后，略作了一下调整，两个人于8月22日乘火车返回柏林。

两次俄国之行激发了里尔克的想象力，回到柏林之后，他用了不长的时间就写出了《好上帝的故事》以及《修道院的生活》，前一篇体现出了里尔克的才思敏捷，只用了7天时间就完稿了。《修道院的生活》的创作时间则长一些，不过在遣词造句方面以及文本的意境方面，都要比《好上帝的故事》高出一筹。

第四章　里尔克的婚姻

1. 与莎乐美分手

　　经过几年时间的缠绵相处，莎乐美在心理上起了微妙的变化，她已经从爱情的火热状态中悄悄退了出来，并开始理智地看待自己与里尔克的关系。这些年来，她更多的像是一个姐姐在呵护里尔克，这使得里尔克产生了一定程度上的依赖性，而这对于他的个性发展是一种阻碍，对其以后的诗歌创作也没有益处。

　　另外，里尔克的依赖也让莎乐美感觉到自己的自由被无形中限制了，她始终是一个独立的女人，为此她觉得身上的包裹越来越重。莎乐美经过仔细的考虑，认为里尔克已经到了"心理断奶期"，必须帮助他从恋母情结中解脱出去，正如小袋鼠最后一次从妈妈的胸袋中跳出去一样，才可以说是真正意义上的成熟和独立。

　　于是，莎乐美向里尔克直接提出了分手，这个决定是痛苦的但也是必要的，诗人的心灵需要刀伤般痛苦的浸染和磨炼。里尔克因此在一段时间里陷入迷惘，对身在何处感到怀疑，因为他的女友抛弃了他。莎乐美觉得，快刀斩乱麻总比藕断丝连要好得多，虽然里尔克的情绪不可避免地会在短时间里处于低谷，但过后他会走出来，一旦摆脱阴影的笼罩，他的文学创作便能达到崭新的境界。

　　在两个人分手的时候，有一天，莎乐美把一张牛奶瓶子的包装纸塞在里尔克的手里，纸的背面是几行写得很潦草的字："如果在很久以后，你过得不好的话，那么在万不得已的情况下，我们这儿就是你的家。"莎乐美的意思再明白不过了，如果过了许多年，里尔克连栖身之地都没有，可以到她这里来。

里尔克和莎乐美分开了，临别时他们约定，除非有特别重要的事，否则连通信也要尽量避免。直到1902年，里尔克旅居巴黎，两个人的信件往来才又重新开始。所以，里尔克和莎乐美的通信史出现了近两年半的缺口。

在这些年里，对于源自俄国的文学营养，包括作品和绘画，里尔克都尽一切可能汲取并将其变为自己的能量。此外，里尔克还翻译了许多俄国文豪的作品，诸如陀思妥耶夫斯基、契诃夫、莱蒙托夫。1902年，里尔克尝试着将俄罗斯古代英雄史诗《伊格尔远征记》翻译成德语，大约在同一时期，他还试着用俄语写作了一系列的诗歌。

在1903年8月的一封给莎乐美的信中，里尔克写道："俄国是我的故乡，因为我在那里感受到了一种伟大而又神秘的安全感，我的生命因它而存在……在巴黎的时候，我的心灵无法言说地向俄国靠近。同时我也在思考，即使在罗马面对古代的遗迹，我仍然在想念着俄国，并计划着再一次去那里。"俄国之行没有再次实现，后来，里尔克长时间停留于巴黎，巴黎成了里尔克的第二故乡。

1900年夏季，海因里希·福格勒给里尔克写信，请他在空闲的时候来沃尔普斯韦德小聚一下，此时里尔克正在俄国旅行。8月末，当他返回德国的第二天，还没有好好缓解一下旅途的疲劳，他便赶往沃尔普斯韦德，与海因里希·福格勒会面。里尔克在那里住了一个多月的时间，之后才返回柏林。

这几个星期是一段兴高采烈而又令人难忘的经历，与一群趣味相近的年轻人在一起，里尔克觉得青春活力在自己身上尽情释放，每一天多姿多彩的生活都使得里尔克情绪高昂，对不时出现的人物和情节让他如痴如醉，他甚至有些不知所措，不知该从何处下手才能把所有的收获一并储存起来，以待将来让这些东西升华为某种结晶。

他们举办音乐沙龙，在布置得整齐洁白的房间里，一群文艺人士欣赏室内音乐会；他们举办诗歌会，在感受都比较敏锐的听众面前，刚刚融入圈子的那些年轻诗人动情地朗诵着自己的诗歌。有时，他们会不顾休息地拜访一个个的画室；也经常由于某一个人的提议，他们便去参观展览会；有时，天空刚刚隐现黎明前的曙光，乘兴而起的一些人便会坐上高座马车，去郊外风景宜人的地方游玩。

9月末的时候，卡尔·霍普特曼在汉堡上演一部他的剧作，此人与沃尔普斯韦德的艺术家们来往密切，所以，那些几乎无日不在游乐的文艺人士集体开赴汉堡，既是欣赏新剧作，也是给老伙计捧场。大家坦诚相待，彼此都有很深的了解，谈话的内容无所不包，还有各自对生与死的问题的体会，真可谓是"谈笑有鸿儒，往来无白丁"。

2. 沃尔普斯韦德的奇缘

在沃尔普斯韦德，还发生了让里尔克命运转折的奇遇，他的婚姻就源于这里。有一天，卡尔·霍普特曼来到沃尔普斯韦德，此时还是9月初，随行而来的是两位女子，一位是画家褒拉·贝格尔，长着一头金色的长发。另一位是克拉拉·维斯特霍夫，出身于不莱梅的一个商人家庭，她是雕塑大师罗丹的女弟子。与褒拉不同的是，克拉拉有一头乌黑亮丽的黑发。她们两个是闺蜜，是好姐妹。

克拉拉比里尔克小3岁，从小就对艺术非常痴迷。1895年，17岁的克拉拉独自前往慕尼黑，想进入当地的美术学校。但是，德国的美术学校不招收女学生，甚至全欧洲的美术学校都有这个惯例。克拉拉对此十分不满，她去慕尼黑教育部门提出入学申请，仍然被拒绝了，理由是没有多余的名额。

在这样的情况下，克拉拉只能选择私立美术培训机构，当时的慕尼黑，画家施罗德·洛伊特与费尔两个人共同创办了一家私立学校，已经有相当的名气，但是学费昂贵，克拉拉只能去那里完成自己的梦想。

学习了3年，克拉拉已经算是一位年轻的女画家了。1898年，像很多进步风格的画家一样，克拉拉前往沃尔普斯韦德这个画家村，其间对艺术雕刻产生了浓厚的兴趣，于是她拜马肯森为师，打算在雕刻方面一展宏图。当时的雕刻界，以学院派为代表的雕刻家们主张雕刻主题和内容必须有典故或者出处，这在无形中限制了雕刻的内容取材。

年轻的克拉拉舍弃了那些墨守成规的东西，将目光投向了普通人物的喜怒哀乐和精神世界。很快，一座座别具一格、栩栩如生的作品被创造出来了，老师马肯森也对她另眼相看。1899年，马肯森将克拉拉推荐给科林格尔，科林格尔住在莱比锡，是一位绘画与雕塑双绝的优秀人物。

　　此前，克拉拉的作品在德累斯顿的一个展览会上展出过，科林格尔也去看过，并留下了很深的印象。收到了马肯森的推荐信，科林格尔也非常高兴，他知道克拉拉在雕塑方面非常有天赋，假以时日予以指点和练习，能成大器。

　　但是，他同时也有顾虑，因为雕塑不光是艺术创作，也是体力劳动，需要有强健的臂力，才能够心到手到，达到理想的效果，而女人天生臂力就弱。为此，科林格尔详细地打听了克拉拉的各方面情况，当他听到克拉拉的体重有73公斤时，觉得她的臂力应该不弱，这才答应收克拉拉为学生。

　　在科林格尔的工作室，克拉拉学习了不到一年，因为科林格尔看出克拉拉潜质巨大，在自己这里或许会耽误她的发展，建议克拉拉到艺术之都巴黎去学习。1899年年末，克拉拉前往巴黎，没过多久，克拉拉的好朋友褒拉也来到这里，两个人住在一处，经常一起去看美术展览。

　　因为进入国立美术学院困难重重，所以褒拉和克拉拉选择了私立美术学校，褒拉在克拉洛斯美术院学习油画，克拉拉在朱利安美术院继续致力于雕塑，两个人虽然都有了相当深厚的功底，但仍然从基础课学起，主要是人体写生。

　　本来，意大利是西方的美术艺术之都，但此时，巴黎已经取代了意大利，成为艺术圣城，所以，对艺术有着美好理想的年轻人纷纷赶来巴黎，这在无形中也催生了私立美术学校的建立。雕塑大师罗丹也开设了私立培训班，并广泛发布招生消息。克拉拉听到这个消息，高兴万分，她来巴黎本就是想拜罗丹为师，可惜罗丹还从没有收过学生，不得已克拉拉才进入了朱利安美术院。

罗丹不喜欢收学生，不过想跟随他学习的人可以申请做他的助手，这也是没有后门不行的。1899年末，一个名叫洛思的商人提议与罗丹共同创办私立美术院，他负责学校的一切事务，罗丹专门担任指点学生的教授。

在洛思的游说下，罗丹同意了开美术院的事情。洛思将校址选定在巴黎蒙巴纳斯区，那里聚集着许多艺术人士。至于学费，男生和女生收费标准不同，男学生每个月30法郎，女学生每个月60法郎。

学费虽然昂贵，但靠着罗丹的知名度，不到半个月，所有预设的名额全部招满，克拉拉就是其中的一个。虽然招生信息说由罗丹亲自指导学生的学业，但当时万国博览会召开在即，罗丹打算在博览会上开办个人作品展，一直在忙着做筹备工作，因此很少来美术院教课，只是偶尔过来看一下。平时的日常教学工作，主要由罗丹的两个助手来完成，一个叫卜德尔，另一个叫德波瓦。

学院的学生大部分是冲着罗丹的名气来的，如今，他们几乎看不到雕塑大师给自己上课，失望之余，纷纷打起了退堂鼓，大部分退学了。克拉拉虽然也盼望罗丹大师能经常亲自指点，但却没有像那些学生一样退学，她对目前的课程非常满意，可以说与她自己的艺术理念相吻合，摈弃学院派，也摈弃毫无凝练风格的自然主义。

克拉拉的耐心与坚持得到了很好的回报，忙中抽闲的罗丹给予了她数次指点，更何况，卜德尔和德波瓦这两个人也不是泛泛之辈，此后他们都成了名声仅次于罗丹的大师。这段岁月是克拉拉的美好回忆，她便是因此与罗丹有了师徒之谊。虽然每个月她要交付

60法郎的高额学费，但从实际效果来看，是非常值得的。

洛思在与罗丹创办该学院时，曾雄心勃勃地说至少要办学3年，但实际上，建校三个月后，正常的校务已经维持不下去了，学生越来越少。罗丹的个人展览大获成功，他接到了一大批订单，一直忙于自己的事情，对学校教学也是有心无力。在学校宣布关门之前，克拉拉也离开了，并不是她不愿继续学习，而是她已经没有钱了。1900年7月，克拉拉与褒拉一同回到德国。

两个姑娘都曾去过巴黎并在那里受到了熏陶，所以她们一到沃尔普斯韦德，便显得格外引人注意，里尔克也注意到了。他在当天的日记中写道：“两个姑娘翻过山头，从原野的那边翩然而至，她们的着装朴素淡雅。那位金色头发的画家脸上洋溢着微笑，戴着一顶佛罗伦萨宽沿女式草帽。

“我站在楼上画室的玻璃窗边，帮助福莱塔格夫人往屋里搬一张十分笨重的调色桌。金发姑娘瞧见这场面，便打趣说我们是在和桌子进行肉搏战。我向客人们打了招呼，当我们站在有些阴暗的门厅里互相熟悉的时候，克拉拉·维斯特霍夫走了进来。

“克拉拉穿着一身雪白的细亚麻布衣服，看起来质地非常好，是法兰西第一帝国时代很时尚的款式，她没有穿胸衣，胸部缚扎得很平。她的额头上有着纤细的皱纹，脸庞微黑而有光泽，十分俊俏，轻盈的黑色卷发低垂在两颊旁边，和她衣服的雪白对比鲜明，看起来让人赏心悦目。

“整个屋子因她的存在而充满了温馨的气氛，仿佛一切都变得更加优雅细致。后来她上了楼，斜倚在我那张宽大的皮椅上，沉静地听着音乐，那种气质让人觉得她是这栋住宅的女主人。这一天的晚上，我时不时凝望着她，越来越觉得她美丽动人。当她的面孔因心中激起的感应而发生变化时，我便仔细去倾听，试着去捕捉。"

当时，桦树小屋的主人福格勒正在与邻村的玛尔塔·施罗德处于热恋状态，时常不在家里。一个星期天，在桦树小屋举办聚会，主人福格勒不在，主持人由里尔克担任。在会上，里尔克朗诵了《好上帝的故事》的一些段落，会后，一群人在黄昏中漫步，随心所欲地畅谈，走累了就坐下来喝咖啡。

朋友们渐渐散去，最后只剩里尔克和克拉拉两个人了。克拉拉要回自己的住处，里尔克陪着她，到了家门口，克拉拉才发现自己忘记带钥匙了，里尔克找了把锤子，开始砸锁，结果不小心伤到了手指，还流了血。费了很大的气力，终于进了门。此时已是凌晨三点钟，两个人却没有感到疲倦，里尔克看了克拉拉正在创作中的雕塑，随后，克拉拉向里尔克说起自己在科林格尔那里经历的趣事。

在接下来的时间里，里尔克都是处于一种比较亢奋的状态，或者说大家都或多或少处于这种状态。他们都在内心里等待着自己未来的另一半，这变成了生活中的具有终结性的目的。在此后的一年之内，因为在沃尔普斯韦德的相遇和交往，成就了三对夫妻。福格勒与玛尔塔·施罗德结婚，褒拉嫁给了画家奥托·莫德松，里尔克与克拉拉结为夫妻。

根据现存的各种文字资料，有研究者发现，里尔克对那位金发的女画家褒拉也是十分爱慕的，甚至比对克拉拉的爱慕还要多一些。褒拉的画室名叫"百合花画室"，从里尔克用文字描绘的他与褒拉会面的情节，我们可以看出，他在那里所展露出的深情和热切要比平日里的感动更胜一筹。

两个人在画室里的谈话内容主要是里尔克自己的思想和文学创作，关于具体场景，里尔克这样写道："我来到百合花画室，桌子上已经摆放好了款待我的热茶。不论我们是在交谈还是间歇的沉默，都使我觉得丰富而美好，毫无滞涩之感。不知不觉天色渐晚，我们谈到托尔斯泰，乔治·罗登巴赫（比利时诗人），卡尔·霍普特曼的《和平年代》。

"我们还谈到生活，一切体验中的唯美的或者毁灭的愿望与可能性，还有永恒，我们觉得自己与永恒亲密相依，这到底是因为什么。就这样我们谈了很多很多，忘记了时间，也忘记了我们自己。一切仿佛都笼罩在幽光里，变得神秘而又让人充满期待。墙上的挂钟响了起来，在我们的话语中报起时辰来。

"佛罗伦萨女人特有的金色头发十分养眼，说话的声音也婉转动听。纯净姑娘的身姿竟是如此柔美和修长，我似乎今天才发现。一大片阴影飘了进来，先是飘过正在说话的我，话音的消逝与它融为一体，又飘过她淡雅的身影，屋里明亮的物体都因它而有了细微的变化。我们以为西面的窗子外有人经过，可是并没有。"

通过里尔克自己的这些描述，可以很明显地感觉到里尔克与褒拉彼此之间毫无保留的信任，如果在此基础上，里尔克对褒拉有了男女之间的感情，那也是合情合理，不容置疑的。所以，10月初，当褒拉与奥托·莫德松订婚的消息传出后，里尔克在10月5日那天突然不告而别，独自回到柏林，原因就是受到了某种程度上的打击，心里不痛快。

里尔克回到柏林施玛尔根多夫的幽林住宅，在那里只住了一个星期多一点，随后，他搬了出来，在米斯德罗伊街找了间房子住下。转眼之间，1901年来到了。年初的时候，褒拉来到了柏林，克拉拉也来了。不管心中是否还留有酸涩，大家又恢复了在沃尔普斯韦德时那样的小圈子。每逢星期天，总是会聚在一起。没过多久，褒拉与莫德松正式结婚，此后便离开了柏林。

里尔克曾经说过，自己不想拥有小屋，也不想安居，他只想漫游和等待。在这样的想法之下，里尔克对婚姻是没有多少热情的。但在1901年，里尔克一定程度上克服了自己对无拘无束的朝圣生活的向往，他不仅在热爱的地方寻觅内心的故乡，同时也在追寻作为一个市民的故乡，这就是他接受婚姻的真实心理动机。即将到来的婚姻确实在某些方面削减了他内心的痛苦感。

2月16日，里尔克与克拉拉在报纸上公布了订婚的消息，这使得很多人非常惊讶，因为他们一点苗头都没有看出来。克拉拉本人也并不是非里尔克不嫁，在写给友人的信中，她说："我可以发誓，在两个星期以前，我们之间还是普通的友谊。"

众多的研究者猜测这到底是什么缘故，其实很简单，从后来女儿露特的出生时间来看，此时的里尔克和克拉拉已经是同居关系，克拉拉已经有了身孕。从一个诗人的内心来说，里尔克产生了对婚姻的渴望。从一个男人的角度来说，里尔克想对委身于自己的女人负责任，更何况，他对克拉拉也非常有好感。

当年4月中旬，里尔克前往加尔达湖畔的阿尔科城看望母亲苏菲，并告诉她自己要成家了。得到了母亲的祝福后，里尔克来到了不莱梅，4月28日，里尔克与克拉拉举行了婚礼。婚后，这对夫妻住在一所农舍里，位于沃尔普斯韦德附近的韦斯特韦德，有意思的是，他们一个是诗人，一个是雕塑家，所以两个人按照各自的审美眼光布置装饰了新房。

当然，世俗的日常生活暂时还没有打破里尔克内心生活的连续性，这是因为他们的经济条件一段时间里还说得过去。虽然他与克拉拉的婚姻还算是不错的，但从大量的文字资料来看，涉及这个人生大事的文字非常少，里尔克也没有着重写这些。

1901年12月12日，克拉拉生下了一个女儿，取名为露特·里尔克，名字也很有来历，是里尔克根据莎乐美的小说《露特》而起的。小露特继承了母亲的容貌，长着一头黑发。里尔克在随后给友人的信中兴奋地描述女儿："她有一双深蓝色的眼睛，额头饱满，两只小手既美丽又可爱。"

1902年4月，克拉拉以学生的身份给罗丹写信，并附上了两张雕塑作品的照片，其中一个是克拉拉给丈夫里尔克做的头像，罗丹虽然收到了信，但因为繁忙，没有回信。此后，里尔克为了养活三口之家，不得不开始尽力写稿赚钱，他每天的大部分时间都在写些书评、戏剧评论，还有关于造型艺术的随笔短文。他把自己的这些成果全部投给当地的报纸和杂志，以此换取稿费，希望能让妻子女儿过上那种小市民的生活。

当然，这些东西并不是里尔克真正想写的，他这样做完全是因为生计所迫，在1902年6月他给莫德松的信中写道："在给《不莱梅日报》写文章时，我总是三心二意，想到什么就写什么，我的左手托在腮边，看上去像一个职业记者，笔下却是在乱涂。"这样的描述十分形象，因此短时间里，里尔克真正意义上的创作没有什么成效，他陷入了一种踌躇不前的状态。

里尔克曾经打算有机会继续上大学以完善自己的知识系统，但是他发现，婚姻生活已经让他焦头烂额，而且父亲约瑟夫也不再资助他。最重要的是，诗歌本来是一种创造性的工作，它需要诗人的内在性不被外界所影响。如果里尔克陷在日常琐事之中无法自拔，恐怕他的诗歌生涯就真的要结束了。

当时，不莱梅艺术馆的馆长鲍利很赏识里尔克，也明白这个年轻人日子过得非常窘迫，所以很热心地帮他介绍或者提供挣钱机会。他把他介绍给一家出版社，请他写一本关于沃尔普斯韦德青年画家的介绍性著作。另外，鲍利创建的博物馆当时举行揭幕仪式，他请里尔克为仪式活动筹划文艺表演，付给他一定的劳务费。

另外，一位名叫理查德·米特尔的艺术批评家正在主编一套艺术丛书，其中的一本以法国雕塑大师罗丹为主题，米特尔邀里尔克负责撰写。罗丹是大师级的人物，名声在当时如雷贯耳，而里尔克还只是一个不太起眼的普通作家，其作品在文坛上也还没有引起大的轰动。里尔克虽然在读大学的那几年涉猎过艺术史，也只是通晓最基本的，而且他的创作重心始终放在诗歌文学上。

两次俄国之行后，里尔克写过一些介绍俄国当代艺术的文章，但只能说是试笔，距离真正的艺术评论还差一些。米特尔将这样难得的写作机会给了一个青年人，一方面是因为伯乐慧眼识千里马，另一方面是因为两人早就认识，米特尔曾经去沃尔普斯韦德参观过，并且知道里尔克的妻子克拉拉是罗丹的弟子，有了这层关系，采访或者收集素材便会更容易一些。所以，里尔克在当年8月的巴黎之行主要是为了《罗丹论》的创作。

3. 痛苦与快乐交织

如果里尔克可以在出版社做个编辑，或者去艺术馆谋个差事，应该不是什么难事，一家三口的生计也会因此而得到解决。但是以里尔克的理想和他的精神状态，他不想也无法像别人一样做着朝九晚五的工作。妻子克拉拉原本打算开一个绘画培训班，教教学生赚些学费，可惜没有实现。

里尔克的朋友曾经大力帮忙，为他从布拉格文学社团"协和会"那里申请到了400先令补助费，像是点燃了几张单薄的纸一样，这些钱很快就用光了。经过考虑，里尔克觉得还是以前的那种漫游状态的生活是最适合自己的，独自一人借住在某处，会有赏识自己的房东提供意想不到的机遇，又不会打扰到内心灵感的酝酿和诗歌创作。所以，韦斯特韦德的农舍生活很快就被他放弃了。妻子克拉拉虽然不愿意，也只能由着他去。

还是在里尔克初恋的那段时期，他就与一个名叫埃米尔·封·舍奈希的人交往很深，此人是贵族出身，又被称为"卡洛拉特王子"，在和恩斯泰因有自己的大型别墅。不过，舍奈希比里尔克年长23岁，也可以说是一段比较神奇的忘年交。舍奈希也是很有文学素养的人，在1902年夏天，他邀请里尔克来自己的宅邸做客。里尔克在那里受到了近乎奢华的款待，自由自在地住了一个夏天。

在阔大的庄园里，里尔克几乎终日坐在书桌边，修改着一本书的校样，这种清静的时刻真的是久违了。有时，他一个人待在舍奈希家的书库里，有数不清的旧信件和文献资料堆在那里，他一个人无力将这些都梳理出来，只是敏锐地感觉到在一堆堆的落满灰尘的旧纸里，仍然萦绕着鲜活的形象和心灵。

7月初，在舍奈希庄园，里尔克用他不太熟练的法文给法国雕塑大师罗丹写了一封信，他开头称罗丹为"亲爱的大师"，信中这样写道："理查德·米特尔教授正在主编一套艺术丛书，我受委托专门对您的作品进行评论。有机会评论您的大作，这是我心中一个急切的愿望，现在，它实现了……我将会尽自己所能，细致而耐心地完成这项任务。为了实现这个目标，我需要您的宽宏大量的帮助。

"今年秋天，我将会赶往巴黎拜访您，对您的作品进行深入研究，另外，您的绘画不大为外人所知，因此我要格外注意。同时，准备工作现在就要开始，写这封信的目的就是请求您不吝指点……还有一个请求，就是对于您的大作，以前是否有人评论过，如果已经有过，请告知我相关著作的书名，特别是含有传记细节的评论，这是我当前最需要的。尊敬的大师，如果您能在这方面给予帮助，我会感激不尽。

"很冒昧，我要提一下我的妻子克拉拉·维斯特霍夫，在不莱梅附近的沃尔普斯韦德，她一直从事着雕塑。1900年，她在巴黎学习工作，曾经很幸运地接触过您和您的作品。就在两个月以前，她曾经寄出一封她自己非常看重的信件，以及几张最新作品的照片，我想她仍然在忐忑不安地等待大师的回复。对于她来说，您的教诲会照亮她的前途。不然，她只能在一片黑暗中摸索着前进。"

几天之后，罗丹的回信到了，其中这样说："克拉拉·维斯特霍夫夫人还记得我，这让我非常感动，向她致谢。你要写关于我的评论著作，这真是一件喜事，秋天时来巴黎会有更深入全面的了解。10月份我应该不在巴黎，但是9月和11月是在的……敬爱的先生，向您致意。"另外，关于图书出版所需要的图片和撰写所需要的参考资料，罗丹都在信中清楚地写明了。

妻子克拉拉曾经给罗丹去过信，两个月都没有回音，所以里尔克对于自己的这封信多久能得到回音也是不确定的，没想到仅仅几天时间，罗丹就回信了，而且还是亲笔所写，这使得里尔克兴奋万分。罗丹不是搞文学的，所以他不擅长写信，从存留下来的他的亲笔信也可以看出，里面有很多语法方面的错误。

大多时候，罗丹都是叫自己的秘书负责代写回信，但是与里尔克的交往中，罗丹的第一封信就是亲笔，以后的大部分信件也都是亲笔，这里面是有原因的。当时，罗丹已经是公认的雕塑大师，家境富裕，社会地位很高，来往的也都是名人雅士和豪门显贵。而里尔克呢，虽然在他的交际圈子里是很受人敬佩的，但放到当时的欧洲文坛，还只是一个知名度不高的诗人。

罗丹之所以以高规格的礼遇对待里尔克，主要是出于为雕塑作品宣传的目的，当然，这里面也有一部分原因是罗丹的谦和。罗丹是在接近半百之年才确立了自己的大师地位，同时，关于他的雕塑作品的评价，也几乎一直是毁誉参半。那时候，关于罗丹的专门性的论著极其少见，所以，罗丹盼望能有人写一本优秀的论著，以使更多的人能了解自己和自己的作品。

回顾罗丹早年的奋斗历程，他个人的实力与努力是占了决定地位的，但同时，宣传也起到了不可低估的作用。罗丹的朋友里，有一些从事新闻工作，也有的是职业作家，这些人纷纷以不同的方式宣传罗丹，扩大他的知名度，使得罗丹终于摆脱层层阻碍，成功戴上了大师的桂冠。现在，里尔克要动笔创作《罗丹论》，这在无形中能够将罗丹及其雕塑介绍给使用德语的国家，所以，罗丹对里尔克格外重视。

没过多久，关于沃尔普斯韦德青年画家的介绍性小册子很快就写出来了。在给莎乐美的信中，里尔克说出了自己对这本作品的不满意，"素材上有着很多矛盾和局限的地方，从艺术家的形象来说，其中涉及的画家形象过于单薄……无足轻重的小事不应该占用太多的篇幅……我虽然尝试着热爱他们，他们却在我的笔下变成虚无的影子。只留下一片干涸的土地……勉强的借口把我变成了很多东西的传声器。"

1902年8月28日，里尔克首次踏上了巴黎的土地，过了一段时间，妻子克拉拉也来到巴黎，继续在雕塑方面深造。女儿露特已经托付给在不莱梅附近上诺伊兰居住的外祖父母照看。虽然夫妻俩在同一座城市，但大部分时间都是分居的，克拉拉也是行踪不定，在欧洲各艺术中心往返停留。

女画家褒拉在与莫德松结婚后，也经常抽时间来巴黎看望里尔克。此前，里尔克虽然有着对褒拉难以名状的情感，但对于她的绘画，实际上里尔克是不懂的，他对绘画并没有多高的鉴赏能力。直到过了好几年，里尔克才意识到褒拉是一位极其优秀的女艺术家，在1903年初的时候，他向罗丹推荐褒拉，称她是出类拔萃的德意志女画家。

1903年夏天，里尔克和克拉拉去不莱梅附近的上诺伊兰看望女儿露特，父母与孩子重逢的情景非常有意思。一开始，夫妻俩刚到的时候，露特就像一个乖巧的小动物那样静静地待在那里，她那双严肃的深蓝色的眼睛一刻也没有从父母的身上移开过，就这样长时间地打量着他们。里尔克和克拉拉担心任何的小动作都可能吓到露特，所以坐在椅子上，一动也不敢动，就这样过了一个多小时。

如同手里拿着米粒儿等待胆怯的小鸟靠近一样，夫妻俩终于看到露特向这边靠了过来，还试着说了几个含混不清的单词。接着，小露特停在离他们很近的地方，注视着父母的眼睛，然后叫了起来，展露出可爱的笑容，她终于对陌生的父母产生了信任感。

让所有人都惊喜不已的是，露特突然叫了一声"妈妈"，随后仿佛是想起了什么似的，她张开两只小手，扑了过来，而且对别人抱她也没有抵触。她称呼里尔克为"男人"或者"好男人"，虽然没有叫爸爸，却显得很亲昵。除了里尔克作为一个诗人在诗歌那里所感受到的乐趣之外，父女之爱也是里尔克在尘世之中获得的最大幸福之一。

在这一年，莎乐美搬家了，她与丈夫安德烈亚斯迁居到了哥廷根。哥廷根位于德国下萨克森州东南部，莱茵河的支流莱纳河流经此城，城市郊区青山叠翠，吉斯湖碧波荡漾，景色十分宜人。他们的新家是一栋二层的小楼，房子四周是一片面积很大的花园，庭院里几株上了年龄的树郁郁葱葱，枝繁叶茂。

莎乐美非常喜欢住在这里，夫妻俩一直住在这里直到他们先后去世。家，成了莎乐美灵魂的栖息地。在这栋二层小楼里，莎乐美写出了很多文学作品。1921年，她的长篇小说《家》出版了，里面含有莎乐美自传的成分。1922年，《失去上帝的那一瞬间》出版了。1923年，莎乐美又发表了小说《洛丁卡》，这是她一生创作的最后一部小说。

前面已经说过，安德烈亚斯是以自杀相要挟才争取到与莎乐美的婚姻，而且这是一段无性婚姻，莎乐美与任何人交往都不需征得安德烈亚斯的同意。这段以戏剧性的方式缔结的婚姻在很长的时间里也曾处于崩溃的边缘，但是分道扬镳的结果却始终没有出现，仿佛冥冥之中有一种力量将他们联系在一起。

有一段时间，莎乐美曾经想为丈夫找一个女人替代自己的位置，但安德烈亚斯不同意，他说自己想要的就是莎乐美，无人可以代替。后来，在莎乐美的安排下，家里的女佣人承担了"一个妻子应尽的义务"，女佣为安德烈亚斯生了一个女儿，取名玛丽。玛丽长大后，被指定为莎乐美和安德烈亚斯的财产继承人，而且，莎乐美晚年的最后时光，也是玛丽陪伴她度过的。

里尔克与莎乐美的通信仍然继续，直到里尔克的临终绝笔。至于他的另一位异性朋友褒拉，也在里尔克的人生轨迹里留下了印记。自从褒拉结婚后，里尔克已经习惯性地称其为"莫德松夫人"，1905年圣诞节时，里尔克前往莫德松在沃尔普斯韦德的家里做客，这一次，他似乎对褒拉的画作感触良多。

"莫德松夫人的画作独树一帜，已到了可以自成流派的程度，这十分引人关注。在下笔时，她心中没有顾忌，也从不故作婉转，拐弯抹角。沃尔普斯韦德的色彩弥漫在她笔下的风物上，这样的画没有人画过，也没有人见过。她另辟蹊径，在借鉴凡·高及其绘画风格方面眼光非常独到。"

1906年，褒拉画出了若干幅在当时被视为绝对超前的女画家裸体自画像。同年夏天，褒拉为里尔克画了一幅肖像画，此时褒拉与莫德松的婚姻已经出现了裂痕，作为一个艺术家，褒拉渴望拥有独立自由的生活，所以向莫德松提出了离婚。莫德松收到信后心急如焚，立即赶了过来，希望能挽回褒拉的心。里尔克为了避嫌，便没有再露面。经过莫德松的诚恳劝说，褒拉打消了离婚的念头。

这幅画像实际上是没有完成的，但却画出了最本质的里尔克。整幅画像堪称表现主义的杰作，是与里尔克的诗歌具有同等价值的画作，褒拉似乎有着一双穿越时空的眼睛，她仿佛看到了20年后的里尔克，并用画笔将这个形象描绘出来。

1907年11月2日，褒拉为莫德松生下了一个女儿，同时身染重病，仅仅熬过了18天，褒拉最终因血栓去世，终年31岁。时隔一年之后，1908年10月末，里尔克用3天的时间，写出了《安魂曲》，以此纪念褒拉。

几乎就在同时，即1908年11月4日和5日这两天，里尔克创作了第二首安魂曲，这是为了纪念青年作家沃尔夫·卡尔克洛伊特，1906年10月，沃尔夫以自杀的方式结束了自己19岁的生命。里尔克的这首诗堪称经典中的经典，尤其是该诗的末尾几句："想当年，发生过的还看得见，那些时代的豪言壮语并非为我们而发，有何胜利可言？撑住意味着一切。"

第五章　巴黎时代

1. 与罗丹的相识及交往

1902年8月23日，里尔克按捺不住内心的焦急与兴奋，给罗丹写了一封短信，其中说道："我会在9月1日前后到达巴黎，我一直在计算还剩多少天我们可以见面，有时过了夜半，四周一片沉寂，我还在喃喃地说着天数，希望它已经所剩无几了。"

里尔克的这封信并非夸大其词，他真的是迫不及待了，所以，他提前出发，在8月28日就到了巴黎，离约定见面的9月1日还剩3天，在这短暂的空闲时间里，里尔克可以从容地找住处，再好好欣赏一下巴黎的街景。在塞纳河左岸的图利埃街，里尔克找了一家小旅馆住下，那里离先贤祠和卢森堡公园非常近，步行只需几分钟。

索邦大学就在图利埃街上，所以，这条街上的小旅馆主要是接待那些经济不宽裕的大学生的，其住宿条件可想而知。里尔克住的那个房间不仅没有电灯，连煤油灯也没有，当天傍晚，里尔克就是在一支烛光下给克拉拉写信的，信中把自己住的地方描述成一个陈设很华丽的旅店，说自己住得很惬意。里尔克之所以这样写，并不是以苦为乐，而是不想让妻子担心。

克拉拉的回信非常快，里尔克8月31日下午就收到了。傍晚，他提笔给妻子写回信，其中说道："你的回信这么快就到达，我心中的喜悦是难以向你描述的。今天下午4点就收到了你的信和附件，但是从早晨起我就不在家，可能早就到了好几个小时了……我感谢你并想念着你，每一天都像待在你身边。今天是周日，天空里下起了蒙蒙的秋雨。路边堆满了濡湿的落叶。很显然，夏天已经不再。

"你知道我去了哪里吗？蒙巴纳斯大街和拉斯帕伊大街的交会处，也就是你以前住的地方，我去了那里，我终于亲眼看到那里的明亮宽阔，在那里居住应该相当舒服。随后，我穿过了布勒亚街去卢森堡公园。此时此刻，我一个人在自己的小房间里，安静之中，我觉得我就在你身边。"

罗丹的工作室位于巴黎的大学街，差不多是在街的尽头处，接近巴黎郊区。那里面积很大，是用来存放大理石石料和已经完成的大理石雕像，这些雕像一般都是国家订单，这个地方也是属于国有的，一直没有固定的名称，人们习惯称之为"大理石仓库"。后来，有一些空间被设置成工作室，专供完成国家订单的雕塑家使用，罗丹的工作室就在这里。

罗丹的个人名片印得非常简洁，正中是自己的名字，右下角印着工作室的地址"大学街182号"，左下角印着会客的固定时间"星期六下午"。其实，罗丹的相貌因为工作的关系更像是一个石匠，平时一丝不苟，但是如果与人谈起雕塑，却是滔滔不绝。每到星期六下午，他的工作室都会人满为患，除了许多平时交好的朋友，还有收藏家、新闻记者、职业作家，有一些崇拜者也会以买雕塑的名义混进来，好看一看偶像的风采。

9月1日（星期一）的下午，里尔克在塞纳河乘轮渡到达耶拿桥，然后上岸，沿大学街一直走到罗丹工作室。因为不是规定的会客时间，里尔克被守门人拦住了，他解释说自己与罗丹早就约定好了，才被放行。此时是下午3点钟，62岁的大师正在工作，对于一个陌生青年的闯入，罗丹有些不大高兴，他不悦地问道："你给了看门人多少小费啊？"里尔克回答说一分钱也没给，罗丹听罢不禁愣了一下。

里尔克解释说，自己已经数次通信，与大师早就约定好了，是为了完成一本关于罗丹及其雕塑作品的评论性著作，他还说到了自己是克拉拉的丈夫。罗丹听完，喜悦之色溢于言表，他立即放下手头的工作，请里尔克在一张扶手椅子上坐下，他们开始交谈。望着这位前辈和蔼可亲的面容，里尔克产生了一种久别重逢的感觉，好像很久以前两个人就认识。

虽然相谈甚欢，但是里尔克的法语明显要慢一拍，而且罗丹的时间也非常宝贵。《地狱之门》这尊雕塑在二十多年前就有人预订了，可是直到这时也没有最后完工，这不得不让人惊讶他的所有时间是在思索和创造中度过的。里尔克获得准许，可以各处走走，随便看。罗丹自己则重新握起了雕塑用的刀。

除了正在创作中的《地狱之门》，美术工作室里摆满了形形色色的作品，《塌鼻人》《加来义民》《青铜时代》《施洗人约翰》等等。突然之间，里尔克被摆在角落里的一尊雕像吸引住了。雕塑的形象是一个羸弱不堪的青年，在地面上跪伏着，一双手臂向天空高高地伸过去，仿佛听得见撕人心肺的呼喊。一块冰冷的大理石竟然会让人有一种被火焰灼烧的感觉，里尔克为这样的生命张力的艺术品而怦然心动。

《圣经》里面有一个浪子回头的故事，里尔克对此是熟知的，显然，罗丹的这件作品也是根据这个故事完成的。这尊雕塑最初被罗丹命名为"浪子"，但后来又改为"祈祷"，里尔克对这样的改动是不理解的，他觉得叫浪子更好一些。其实，里尔克的一生就是一个浪子，在很大的程度上，那尊雕像就是他的缩影。

里尔克告辞时，罗丹邀请他第二天去自己的别墅做客，里尔克欣然答应。本打算当天晚上就给妻子写信，但是里尔克一直沉浸在激动之中，无心执笔。罗丹对里尔克的友好接待超出了他的想象，这样的荣耀不是谁都可以得到的，更何况，他第二天还要起早去罗丹的别墅，这一夜，里尔克就是在不平静的兴奋中睡着的。

罗丹的一生都混迹于石料中间，他对物质生活不大关心，对住处也没什么奢求，只求遮风挡雨即可。在他还没有取得社会地位之前，他也像年轻的里尔克一样穷困潦倒，落脚点也常是出租屋。37岁的时候，罗丹从比利时回到法国，此时的经济条件依然很窘迫，为此罗丹不得不数次搬家，直到十多年后才有好转。

因为住处非常简陋，罗丹从不在住处接待客人，而是选择在工作室。他的夫人波蕾从不在公共场合露面，以至于许多人不知道罗丹有这样一位夫人。到了19世纪90年代，在法国的艺术界，罗丹已经显露出了大师气派，一些收藏家开始收藏他的雕塑，罗丹接到的订单也是一份接一份，他的经济条件变得很好了。

不久，夫人波蕾身体欠佳，罗丹便考虑搬到一个清静舒服的地方去，好让波蕾好好休养。没几天，罗丹得知布利杨山庄正在出售，便去实地看了一下。山庄位于巴黎西郊的莫东，从蒙巴纳斯火车站乘车20分钟即可到达，交通方便。山庄住宅有两层，上面带阁楼，由于地处高地，可以将塞纳河谷的风光尽收眼底。起初罗丹只是租住，两年后才花高价将山庄买了下来。

虽然罗丹有了自己的别墅，但他仍旧像以前那样，房子几乎没有什么新的修饰，只是简单备了些家具。原来的房主在一楼的左侧扩建了一个画室，采光非常好，面积也很大。罗丹在工作室忙完，回到家就喜欢待在画室里，晚上经常在画室里住，以便于第二天一早到花园里散步。好几年里，这个地方只有罗丹的至交好友才有机会来，他们很惊讶，已成为大师的罗丹日常生活还是如此简朴。

曾经有好友委婉地劝说罗丹应该培养一下物质生活的情调，但罗丹对此是不以为意的，他轻描淡写地说道："我直到现在才富裕，已经没有时间去关注物质方面的事情了。"罗丹极少将自己的莫东别墅轻易示人，而里尔克与罗丹见面第一天就获得邀请，可见里尔克在罗丹心里的分量，为此，里尔克也是郑重对待，不敢有丝毫马虎。

9月2日一大早，里尔克就起来了，9点钟的时候，他到蒙巴纳斯火车站乘车。到达那里后，里尔克没有觉得罗丹的房子很漂亮，在他眼里这只是一座很简朴很有年代感的建筑。罗丹向里尔克介绍了妻子波蕾。波蕾这一年56岁，自从迁居到莫东后，她不再是先前的神秘状态，开始经常陪着罗丹在公共场合露面。在家里，她既是女主人也是女佣人，好多家务都是自己动手做。

可能是一直以来养成的习惯，波蕾夫人不注意梳妆打扮，也不注意衣着是否得体。有客人到访时，经常误以为波蕾是女佣人，还有人对罗丹说，应该辞退这个年老而又脾气古怪的老太婆，换一个年轻机灵的女管家。听到这样的话，罗丹不仅不生气，反而莞尔一笑，并对那个人说，这个老太婆就是自己的夫人。客人听到这样的解释，瞠目结舌好半天，直到告辞一直处于尴尬之中。

原本，里尔克以为罗丹的夫人应该是一位温柔大方的女人，可是实际所见与想象大相径庭，里尔克惊讶之余，觉得波蕾夫人似乎配不上罗丹。在给妻子克拉拉的信中，里尔克这样写道："到了中午，我和罗丹共进午餐，是在室外。这顿饭是与众不同的，罗丹的太太仿佛很疲劳，而且不修边幅，她还很敏感易怒。一个鼻子红红的先生坐在我的对面，没有人介绍我们认识。

　　"旁边坐着一个非常可爱的小女孩，应该10岁左右，我也不知道她是谁。我们刚刚落座，罗丹就开始埋怨，他说饭这么晚才准备好，自己已经穿戴完毕打算去市里的。一听到这话，罗丹夫人变得激动起来：'我怎么能够事事都亲为呢？你去和玛德兰说吧（厨娘的名字）！'随后说出的话像机关枪扫射一样，可是又不是真的发火骂人，而是像一个受到伤害的人在那里大声控诉，随时可能会神经崩溃。

　　"罗丹夫人无法安静下来，她开始把桌子上的所有东西都挪动了一遍，好像饭已经吃完了，立即散伙。原本整整齐齐的桌面变得散乱了，仿佛是残羹剩饭。我并没有觉得难受，只是有些伤感。罗丹坐在那里不动声色，仍然一字一句地解释自己为什么埋怨，他的语调既温柔和蔼而又透露出不容置疑的意味。"

　　里尔克描述得很形象，当罗丹夫人渐渐平静之后，这场奇怪的午餐终于开始了。饭桌上，罗丹十分健谈，当然，里尔克的法语不是很纯熟，每当罗丹的语速过快时，里尔克都听不懂，不过，交谈的大部分内容，里尔克是明白的。里尔克谈起了沃尔普斯韦德"画家村"的画家们，但是罗丹表示一个都没有听说过。其间，波蕾夫人时不时地插嘴，她说话的语气仍然是激动不安，仿佛一切都让她感觉不平静。

午饭过后，波蕾夫人和气了许多，她还和里尔克攀谈了一会，并说了些请他经常来聚餐之类的客套话。那一天，里尔克在莫东别墅待到下午3点钟，回到图利埃街的住处后，就给妻子克拉拉写信，描述了当天的所见所闻，信写得非常长。在第二年的时候，里尔克给莎乐美写信，也说到了与罗丹共进午餐的事情，经过了时间的沉淀，里尔克回忆起那天的见闻，更多的是透过现象的本质思考。

"那个时刻我已经了解，罗丹的房子对于他来说没有什么意义。也许对于他来说，房子只是一个不值得一提的避难所，一个用来避风挡雨在里面睡觉的地方，并不会对他造成任何困扰，对于他的孤独和收藏来说，也不具备任何地位。在罗丹的内心里面，一所房子带给他的是昏暗、保护与宁静。把这些全部超越过去，他自己成为一个天堂，广阔的森林绵绵围绕，激荡的河水日夜不息。"

刚刚交往的那段时间里，里尔克的活动轨迹几乎一直围绕着3个地方，图利埃街的小旅馆，大学街罗丹的工作室，再就是莫东别墅。在9月5日，里尔克给妻子克拉拉写信，他提到一个很耐人寻味的细节，在谈话中途，罗丹沉默了一会儿，然后极其严肃地说道："应当工作，一定要工作，还需要有耐心。"这也形象地说明了罗丹的生活信条是"必须而且不停顿的工作"。

在信中，里尔克还提到了第一次聚餐时见到的那个小女孩，"小女孩跟在我们身后，罗丹一点也不关心她，小女孩好像也没有希望被关心。她坐在不远处的路边，低着头在碎石堆里找那些比较奇形怪状的石头。在我和罗丹谈话的时候，她有时会走过来，罗丹说话时，她会盯着他看，我说话时，她便看着我。

"又过了一会儿，小女孩采摘了一朵紫罗兰，她怯生生地把花递给罗丹，想让他拿在手心里。罗丹无动于衷，他扫视了小女孩一眼，目光越过了她握着紫罗兰的小手，这温暖的情景并没有打动他，在他的内心里，已经成型的物件形象占据了一切。"从这段描述我们可以看出，一个诗人和一个雕塑家在审美对象方面是不全然一致的。里尔克曾经误以为这个小女孩是罗丹的女儿，实际上，罗丹只有一个儿子。

2. 《罗丹论》的酝酿与创作

虽然与罗丹的交往给里尔克带来了这样那样的幸福感，但是初到巴黎并在这座城市感到的忧郁几乎把这种幸福感全部抵消掉。很多人来到巴黎，或许是为了某个目标，也或许也是为了更好地生活，但是，对于生性敏感的诗人里尔克来说，巴黎似乎意味着一种灾难，他甚至觉得自己可能会在这里窒息而死。

究其原因，是因为在巴黎华丽的外表下，也有着令人惊诧的阴暗面。从他居住的图利埃街小旅馆向东南方向走，就会看到著名的主恩谷医院，这是巴黎的大型医院之一。每天在这里看病的人络绎不绝，当里尔克看到他们穿着惨白的病号服，每个人脸上都布满愁云时，他突然觉得，巴黎这个城市有着规模庞大的垂死兵团。

里尔克这样倾诉道："这种感觉是来到巴黎才有的，以往在其他城市从来没有。在这个地方，生命的冲动是如此强烈……这种冲动充斥着巴黎，也便因此而越发地接近死亡。"法国象征派诗人波德莱尔就曾以巴黎的阴暗面为题材，创作了《巴黎的忧郁》，在他的这本书里，反复多次提到了医院和死亡。所以，通俗一点解释里尔克的内心困境，就是同样作为敏感的诗人，他们或许感受到了大体类似的某种本质。

妻子克拉拉来巴黎的计划已经提上了日程，里尔克开始对未来的生活感到忧虑，他希望妻子能事先做好心理准备。在9月11日给妻子的信中，里尔克写道："或许你现在觉得快乐自在，但是你要知道，你即将面对的是苦闷的生活，这样的日子会持续很长时间，你甚至连买玫瑰花的自信都没有。这座城市很大，大得像是一片无边的忧郁之海。"

在随后给海因里希·福格勒的信中，里尔克写道："在巴黎真的很艰难，我觉得自己像一艘负重超载的船。这里的一切都让人厌恶，无法形容，难以描绘。"从这些私信中不难发现，里尔克的心灵极为敏感，他在巴黎所受到的冲击十分强烈，以至于后来里尔克把其与少年时代的军校生活相比较。

此后几个星期的时间里，里尔克很少控诉巴黎了，因为每天他的时间都被排得满满的，可以说是无暇他顾。大部分时间是与罗丹会面，了解罗丹的艺术思想，研究他的雕塑作品，构思着那本《罗丹论》。图书馆和美术馆也是里尔克常去的地方，查找文献资料，丰富自己对艺术作品的感性认识。

里尔克还面临着一个现实问题，克拉拉即将到来，眼下需要解决住处问题。图利埃街的小旅馆既潮湿又阴暗，如果夫妻住一间房，会显得很狭小，更何况里尔克与克拉拉两个人都需要有独立自由的空间来做自己的事情。9月28日，里尔克给妻子去信，用很大的篇幅说了住处问题。

"昨天我动了搬家的念头。在圣米歇尔大街往上一点，天文台的对面有一家精致的小旅馆，里面装了电灯，墙壁雪白，收拾得非常干净，4楼设有两个房间，正好我们一人住一个。其实我现在住的这间是很宽敞的，只是棚太矮了，显得局促。那两个房间实际上没有这个大，但是都有窗子，可以看得很远，加之环境清洁，我非常喜欢。

"我现在住的这家旅馆不尽人意之处甚多，最令人头疼的就是狭窄的街道对面有一大排窗子，窗内的情况不经意间就可以看得一清二楚。每当从书桌上抬起头，想望一望远处，映入眼帘的只是这种狭窄。同时，你可以想见得到，对面的12扇窗子后面会有好奇的目光，我在书桌前的一举一动都被观察到了，有时真的难以忍受这种压迫感。

"在卢森堡公园的长椅上，我盘算来盘算去，天文台旅馆明亮的房间和我现在住的这个房间，如同圣米歇尔与恶龙的激烈打斗一样，在我的头脑里翻来覆去。与漂亮而又方便的电灯相比，我屋子里的那盏散发臭气的煤油灯真是寒酸而又可怜。无论怎么想象，现在住的旅馆都处于下风。但是，我最后意识到我又是在为自己找借口，好摆脱现状。将诱惑打压下去之后，我静悄悄地回到自己的房间。

"天文台旅馆的房间租金很贵，几乎是这边的两倍。我打算等你来的时候，在天文台旅馆给你租一间，先暂住一个月，再从长计议。在那一个月里，你可以好好考虑，如果想让工作室和卧房在一处，就要买一些必备用品，当然也可以另租一个房子。如果是长住，价钱会便宜一些，临时付费要贵一些。我打算再去别的旅馆看一看，图利埃街的小旅馆不适合你住……

"图利埃街属于拉丁区，这些为大学生准备的小旅馆每到夜晚，总是让人十分不愉快的。不知道你害不害怕这些不便之处，是不是愿意和我住在同一处。在旅居的这段时间里，我们得住得近一些，同时，我也希望你能住得舒服……或许距离较近的旅馆也不错。回信的时候，请告诉我你自己的想法。"

几经周折，里尔克终于敲定了两个人的住处。在距离图利埃街不远的莱培神父街，里尔克租下了一家公寓的两个房间，里尔克的房间在5楼，克拉拉的房间在6楼。6楼是顶层，白天光线特别充足，克拉拉应该会很喜欢。如果有外人知道这对夫妻分房而住，恐怕会很惊讶，但实际上几乎没人知道，因为两个人的选择是一致的。

10月8日，里尔克去巴黎北站接克拉拉，从德国开来的火车终点站都是巴黎北站。在莱培神父街公寓，克拉拉休息了一天。10月10日，里尔克带着克拉拉去罗丹的莫东别墅拜访，碰巧罗丹不在家，但是里尔克已经是罗丹的至交，所以罗丹的家人仍然邀请这对夫妻随便观赏，能获得这样待遇的人少之又少。

10月11日，里尔克给罗丹去信，写道："我的夫人几天前到了巴黎，马上就要开始工作了。昨天，我们去莫东拜访您，但很不凑巧。可是仍然不虚此行，我的妻子在您的美术馆里待了足足一小时，她沉浸于梦幻般的景象里，仿佛您也在现场一样……

"今天是星期六，但是考虑到您刚刚外出回来，可能身体疲倦，所以我没有去大学街工作室的打算。另外，我妻子希望去您的工作室时，一定要带上自己的雕塑作品，现在，她还没有做好……请您允许我们另选日期去莫东，下个星期三或者星期四，妻子非常乐意与我同去，我们想欣赏那里的绘画……"

在来到巴黎的头一段时间里，里尔克对这座城市感到忧郁，但是很快他就努力地调节自己，在10月17日给一位友人的信中，里尔克写道："虽然在巴黎非常艰难，但是我决定在此地旅居一段时间。"之所以出现一定程度上的转变，是因为里尔克意识到，在巴黎，他的感受力和观察力会受到前所未有的挑战，顶住了这样的压力，他就能在文学意识上获得一种极大的满足。

里尔克一生的书信可以编成几个大集子，他很爱写信，但是日记却记得不多，经常断断续续，最成规模的要算在莎乐美的督促下写成的《佛罗伦萨日记》。在构思《罗丹论》的这段时间里，里尔克的日记几乎一天也没有落下，究其原因，是构思过程非常痛苦，里尔克用文字将自己的活动和心绪都记录下来，希望能在自己与自己的对话中找到一些突破性的思考。

10月27日，里尔克在日记本上写道："我来到这里已经8个星期的时间了，但是我仍停留在8个星期之前的地方，一无所获，仿佛我根本没有来到这里。"我们可以看出，此时的里尔克对《罗丹论》的创作还是没有一点头绪。10月28日，里尔克感冒了，额头有些发热，没有心情工作，下午的时候身体稍稍舒服了些，便去巴黎圣母院散步，当天晚上，里尔克阅读了波德莱尔的名作《恶之花》。

10月30日，里尔克的感冒还是没有完全康复，他不愿意在床上躺着。这一天，他去卢浮宫看名画，之后去妻子那里，聊了一会儿，两个人出门买一些日用品，结果杂货店的老板误以为他们是英国人，态度十分不友好，纠缠了一会儿，才把东西卖给他们。在这天的日记结尾处，里尔克对这年冬天能否完成工作表示怀疑和忧虑。

10月31日，里尔克几乎整天都在塞纳河边散步。11月1日，感冒终于完全好了，早晨的时候，里尔克还随手写出了一首小诗。下午，里尔克和克拉拉去博物馆参观，随后去巴黎圣母院做弥撒，晚上在街上散步时，路过一家意大利饭店，便在里面吃晚饭。可能是因为超支的缘故，里尔克在日记里说"回家的路上一路忐忑"。

11月2日，仍旧是参观美术馆和博物馆，之后去市郊公园闲逛。11月3日，一天都在卢浮宫旁边的杜立叶公园度过，秋日艳阳，满地都是多彩的落叶。11月4日，里尔克又陷入创作的迷茫状态，那一本《罗丹论》的孕育和分娩仿佛都让他异常痛苦。他写道："在花园里，我一个人孤单地坐在那里，望着眼前的一切，这样的环境或许对我有好处，我的确是需要帮助。但是，求别人还不如求自己，可是自己又是在何方呢？"

接下来6天的日记，记的都是去了哪里或者做了些什么琐碎的事情。11月11日，里尔克和克拉拉去拜访法国作家渥居埃，此人对俄罗斯文学有很深刻的研究。早在两个月之前，里尔克还没来法国的时候，他就打算拜渥居埃为师，学习俄罗斯文学，但是，里尔克的信没有得到回复。到了巴黎之后，里尔克再次写了一封信，渥居埃有了回应，他派自己的儿子去见了里尔克，并邀请他来家里做客。

渥居埃的住宅位于凡尔赛，这一天，夫妻俩穿戴得整整齐齐，去渥居埃的家里。午餐的食物准备得还不赖，但是里尔克在当天的日记里写下了自己的不快，因为在席间，渥居埃的太太和孩子们不停地问一些琐碎的事情，比如每个月的房租多少钱，都是俗事，这让里尔克十分厌烦。饭后仍旧是不着边际的闲聊，在里尔克看来，这是白白浪费时间。

接下来的日子，里尔克阅读能找得到的关于罗丹的论著，主要是罗登巴克评论罗丹的文章和克拉里斯的《雕塑印象派》。在日记里，里尔克把自己经历的每一天都称为等待的日子，可以看得出，里尔克的头脑几乎没有停歇过，他一直构思着《罗丹论》。这也是一个痛苦的过程。

11月19日，里尔克在日记里写道："在所有的道路上，我可以落笔的希望都遇到了阻碍，我的工作将何去何从呢？怅惘的等待从早晨起床就开始，直到夜晚去睡觉，在坐立不安中颓废下去……一个人的意志力出现动摇的时候，整个世界也跟着惴惴不安……恐惧差不多占据了我的全部，我像是被遗弃了一样。"

11月20日，这一天巴黎下雪了，里尔克仍旧没有摆脱内心的困境，但实际上从后来的过程来看，《罗丹论》在里尔克的心里已经成熟了，只不过它像纠缠在一起的线团一样，还没有找到那个迎刃而解的线头。

11月21日，这一天是克拉拉的生日，里尔克暂时把《罗丹论》放在一边，为妻子祝贺生日。里尔克放好一张桌子，上面摆满了玫瑰花，玫瑰花中间，是《胜利之神》和《蒙娜丽莎》两幅照片。这两幅照片也不是随便放在那的，都是有其特殊意义的。《蒙娜丽莎》是里尔克最喜爱的画作，《胜利之神》是里尔克最喜爱的雕塑，而且，这件雕刻作品的风格不受学院派的束缚，这与克拉拉的雕塑理念也是一致的。

此外，桌子上放着必不可少的生日蛋糕，里尔克还准备了一本书送给克拉拉，是作家热弗鲁瓦的《艺术生活》第二卷。全部准备停当之后，里尔克去美术学校找克拉拉，然后，两个人一起去百货公司购物。此后，里尔克仍旧每天记日记，内容也大同小异，闲逛，聊天，参观博物馆，但是里尔克没有再在日记里诉苦。

到了11月26日，里尔克的日记只写了一句话："试写的日子。"此后的本子都是白页，巴黎时代的日记在这一天就结束了。同时，这句话也非常关键，我们由此知道《罗丹论》的真正起笔日期是1902年11月26日。随后，里尔克文思如泉涌，只用了20天的时间就完成了《罗丹论》的初稿。

12月16日，里尔克给德国的一位友人写信，其中说道："我们在巴黎，克拉拉每天在工作室忙碌，我则每天蜗居在家里，巴黎对于我们如同身外之物。这座令人眼晕的城市极大地锻炼了我的忍受能力。在孤独之中生活工作，还算是过得去。好长时间，我都没有写诗歌之类的东西，关于罗丹的论著花费了我很多时间，现在我终于完成它了。"

书稿写完之后，里尔克略作修改，12月31日，新年在即，里尔克给罗丹写拜年信，他说道："对于大师来说，每一天都是生命的开始，而整个生命就是一个漫长的工作日，所以新年没有什么意义……在您的那些永恒作品的周围生活，我觉得自己幸运极了。评论这些伟大作品的小册子，开春的时候就会出版，到那时一定拜送到您的手上。"

《罗丹论》是一本薄薄的小册子，里尔克从9月份开始酝酿，到了当年12月完成了这本论著。在这本书创作的过程中，里尔克用很长的时间观察罗丹和他的雕塑，如果仅仅评价其作品，是不需要如此费时费力的，里尔克是想把对罗丹本人的诠释也糅入其中，要把大师的风范写出来。所以，这本书也可以说是罗丹精神层面的一本传记。

时间转眼到了1903年，年初的一天，在与罗丹的谈话中，里尔克说起了自己诗歌创作上的困境。他这样说是有缘由的，在诗人的内心世界里，他漫游得太久了，久而久之，甚至变成了对外界的一种逃避，生活也因此变得过分主观化了，如果任其这样发展下去，是无论如何也走不了多远的。

听完了里尔克的话，罗丹皱了皱眉头，说道："为什么不走出家门呢？去外面看一些东西。比如去巴黎动植物园，看那里的动物，一直凝视它，直到你可以写一首关于它的诗。"里尔克欣然接受了这个建议，随后写出了他的成名作《豹》，这首诗成为后来里尔克《新诗集》的基石之作。这段很有意思的故事成为后来很多诗人模仿的范文，最典型的例子就是美国现代诗人里奇的成名作《珍妮菲尔婶婶的老虎》。

3. 用旅行缓解压力

重要的工作完成了，里尔克像一张弓松弛了下来，自幼便多病的身体也开始找他的麻烦，感冒反复发作，里尔克不得不卧床静养。同时，里尔克手头拮据，他给父亲约瑟夫写信，请求汇一些钱过来。收到钱后，里尔克在3月20日离开巴黎，前往意大利一个名叫威亚雷焦的海滨小城静静地隐居。

刚一到达那里，里尔克便收到了《罗丹论》出版的消息，书籍制作得十分精美。先前里尔克曾说要把该书亲手奉上，但因为自己在意大利，便委托妻子去送书。3月27日，里尔克给罗丹写信，说道："明天星期六，我的妻子应该会把那本书奉上，我对这本书极其珍视，虽然想表达的东西可能只实现了一小部分，但是如果以后还有机会，会表达得更清晰，更具有力量感。"

《罗丹论》是用德语写成的，所以克拉拉将书送给罗丹后，罗丹一时半会还读不懂。在4月6日写的回信中，罗丹写道："您的夫人送来了大作，对此我表示万分的谢意。不尽如人意的是我还看不懂它，我会找人帮我把它翻译出来，那时候，您的勤勤恳恳的工作成果我才会真正体会，我想那一定是美妙而又愉快的。"

里尔克在威亚雷焦住了一个多月，其间，他完成了诗集《时间之书》的第三大章《贫困与毁灭》，总共五百多行诗，其主题与此后的长篇小说《马尔特手记》是相通的。4月25日，里尔克在给罗丹的信中写道："在这里，我的身体情况好了一些，但是由于近几个星期气候没有那么宜人，我觉得自己没有完全康复……现在正准备回程，我打算在归途中去热那亚待一天，之后去第戎看一看。"

第戎市的沙尔特勒兹医院里，摆放着荷兰雕塑家司吕特的经典之作《摩西之井》，里尔克曾经看过这件雕塑的复制品，此次去那里就是为了一睹真容。5月初，里尔克返回巴黎，住了两个月。在巴黎这样的大都市里，夫妻俩生活得很艰难，主要开销都依靠克拉拉每个月拿到的助学金。

里尔克两种截然不同的心愿所产生的矛盾再次彰显了出来，一方面他想要与人群亲近，想要有踏实的存在感。另一方面，他又十分需要独来独往，想要置身于暗处。为此，里尔克几乎是不停地更换住处，从拉贝德来佩街到卡塞泰街，之后是瓦雷纳街和普雷密埃雷街，像走马灯一样让人眼花，堪称神龙见首不见尾。

　　在巴黎的这两个月，里尔克经常去法国的国家图书馆读书，度过了一些幸福而又安静的时光。在6月末的时候，里尔克给莎乐美写了一封信，信中提到了自己从童年时代起就经常做的一个梦，尤其是在梦魇的状态或者发高烧生病时，那幅图像经常跳出来折磨里尔克本来就很衰弱的神经。

　　里尔克梦见自己躺在一个完全打开的墓穴旁边，一块大石头高高地竖立在墓穴的前面，这块石头会自动移动，每一个细微的移动都会产生一种力量，使里尔克自己滚落到墓穴里面。在梦里，里尔克还看清了石头上清楚地刻着自己的名字，这不禁让人不寒而栗。当我们回顾诗人的一生，并结合他诉说的这个梦境时，仿佛有某种宿命的东西在支配着这一切，梦里的那块大石头墓碑似乎是诗人为自己所立的。

　　7月份，老友福格勒来信，请里尔克夫妇去桦树小屋度假，里尔克和克拉拉离开巴黎，回到了沃尔普斯韦德，其间在上诺伊兰与女儿露特团聚。到了9月，夫妇俩前往意大利，克拉拉是去那里游学，里尔克则没什么具体目标，他只是想陪着妻子。

　　在施特洛尔—菲恩别墅，里尔克租了一间非常宁静雅致的工作室，虽然这不是他第一次来意大利了，但是这一次里尔克的状态并不是很好，他感觉身体不适，觉得城市过于喧嚣浮躁，本来计划要完成的工作变得十分缓慢。

里尔克在罗马一直住到了1904年的6月，在此期间，他也并非毫无收获，他着手学习丹麦语，为了可以阅读雅可布森和克尔凯郭尔的原著，同时，里尔克也在试着撰写《马尔特手记》的草稿。构思是一个在丹麦的没落贵族家庭出生成长的青年诗人，因为其性情孤僻敏感，后来来到巴黎感到了心灵上的忧郁，丹麦北国地域所给予他的那种自然的力量渐渐地丧失了。

里尔克一直就对丹麦的北国风情充满向往，那里原始而又自然的景观，寒风从辽阔的大地上吹过，这一切都让里尔克产生了新鲜的想象。但是里尔克还从没有踏上过丹麦的土地，恰巧此时，一位瑞典的女教育家帮了里尔克的忙，使得里尔克的丹麦之行很顺利地变为现实。

这位女教育家名叫爱伦·凯，比里尔克年长26岁，她也是一位妇女运动的领导者，出版过关于儿童教育类的书籍。在一段时间里，爱伦和里尔克通信十分频繁，爱伦对里尔克的才华非常佩服和赏识，特别喜欢里尔克的《好上帝的故事》，在自己的家乡和丹麦的哥本哈根做了很多次关于里尔克的作品演讲。就在此时，爱伦向里尔克发出了一连串的邀请，里尔克立即回复接受邀请，于6月离开罗马，前往魂牵梦绕的北国。

抵达哥本哈根的第二天，他去马尔默，紧接着来到弗莱迪，并在那里受到了热情的招待和迎接。里尔克给妻子写了一连串的长信叙述自己在那里度过的美好的夏季，他在那里一直住到9月，秋天的时候，里尔克来到歌德堡附近的约瑟特，住在爱伦的好友吉布森的家里。冬天，他重新访问哥本哈根，略作停留之后，经德国汉堡，里尔克回到上诺伊兰。

在欧洲的北国地域旅居了半年之久，其间里尔克的文学创作成果微乎其微，但是所见所闻却被牢牢地印在诗人的头脑里，很多很多的图像，难以忘记的氛围与格调。这些收获在《马尔特手记》和《新诗集》里折射出来。

1905年的初春，本来应该是积极进取的时节，里尔克的内心却被一片阴云笼罩，迷茫骚动不安，写作陷入了停顿的状态。加之身体患了新的病症，他不得不去疗养，疗养所用的费用是爱伦·凯资助的。

疗养院位于德累斯顿，里尔克在那里住了一个多月，其间，他结识了一位美丽的伯爵夫人露易丝·施威琳，伯爵夫人给了里尔克很大的照顾和关怀，可惜的是，露易丝在第二年病逝了，但是她在里尔克的心里永远占有着一席之地。在疗养院养好身体后，里尔克在当年5月经柏林和沃尔普斯韦德，前往位于哥廷根的莎乐美的家中，这是两个人分手后的第一次见面。

此时的里尔克已经不是先前那个脸色苍白的小伙子了，他有自己的妻女，有自己的家庭，事业上也有了雄厚的根基，看着这些变化，莎乐美也为他感到由衷地高兴。在莎乐美家里小住了几天之后，里尔克去往罗拉尔，拜访了露易丝·施威琳一家人，受到了热情的款待。露易丝的丈夫于科斯曲尔是一位哲学家和博物学家，里尔克与他十分谈得来，两个人共同商议了一项计划，以自然科学的系统研究为生活开辟一个新的角度。

第六章　人事变迁下取得的成就

1. 8个月的秘书工作

1905年9月，罗丹写信邀请里尔克到巴黎他的寓所居住，还提到请里尔克帮忙做一些收发邮件的工作，里尔克高兴地回复接受邀请，随即踏上返回巴黎的路。9月12日，里尔克回到了熟悉的巴黎，住在伏尔泰河滨旅馆，当天夜里，里尔克给妻子写信报平安，说自己去以前熟悉的餐馆吃饭，老板和收银员都已经认不出他了。

消遣了两天后，里尔克在9月15日去莫东别墅。罗丹给里尔克提供的是一个私人秘书的工作，薪水为每月200法郎，同时把别墅附近的一栋屋子打扫出来供里尔克居住。里尔克也拥有外出旅行的自由，主要是到德国进行诗歌朗诵和讲演。其间，里尔克两次回到故乡布拉格，有一次是为去世的父亲约瑟夫举行葬礼。

秘书的工作维持了近8个月的时间，在里尔克的一生中，除了漫游和搞创作，他只上过这8个月的班。当然，他在与克拉拉刚刚成婚的时候，也曾想到报社或出版社谋个差事，却未能如愿，也可以说是他在纠结中放弃了。里尔克之所以不愿意有一份普通的职业，是为了避免自己的精力被分割。

很多时候，里尔克是依靠自己的稿费和友人的接济在生活，他的一生都在窘迫之中度过。有一次，他给一位青年诗人写信，同时想送他一本诗集，结果口袋里的钱连本诗集都买不起。里尔克也经常付不起房租，有时一顿饭就是几片蔬菜，几片面包，喝一杯热茶。即使这样，他也不会放下手中的笔，他以写作为天职。里尔克在给那位青年诗人的信中，对他说道："不要担心自己的才能会被耗尽，过了三天，你就会精力复原。"

文学家总是会有些相通之处的，里尔克的意志和激情让人联想到了日本的小说家川端康成，川端康成在少年时代就写下这样的句子："即使仅有一支笔沦落在赤贫之中，我微弱而敏感的心灵也已无法和文学分开。"对于里尔克来说，艰难困苦不会使他望而却步，成功也不能使他躺下休息，因为他是一个受到召唤的人，他不会被别的东西所影响，他只听从于内心的召唤。

在外人面前，罗丹从没有说里尔克是自己的秘书，他不想把两个人的关系弄成上下属的关系，里尔克的想法也是这样。不莱梅美术馆的馆长鲍利来访时，谈话中提到了里尔克，罗丹这样答道："他是我的一位朋友，经常会面，有时我请他帮忙，这让我觉得十分荣幸。"当然，里尔克也做得很认真，除了处理信件，每当罗丹外出时，里尔克还偶尔充当一下管家的角色。

10月初，克拉拉寄来几件新雕塑的稿件，请罗丹予以指点，罗丹便回信请克拉拉也到巴黎来，并邀请她到自己的工作室工作。10月11日，克拉拉到达巴黎，但里尔克却外出了，他去德国进行关于罗丹的艺术讲演。第一场讲演是在德雷斯顿举行的，反响没有想象中的那么热烈。

10月25日，里尔克来到故乡布拉格，开始第二场讲演，效果依旧平平。这期间，克拉拉离开巴黎，返回德国了。10月26日，里尔克给罗丹写信，讲述了讲演会的实际情况，信中还提到父亲约瑟夫缠绵于病榻，身体很虚弱，所以里尔克要停留几天，等父亲的身体让人放心之后再离开。

离开布拉格后，里尔克前往莱比锡拜访出版商人，就《时间之书》的出版问题进行磋商。11月2日，里尔克回到巴黎，此时已是年关将近，巴黎也下了几场雪。过了一个多月，圣诞节前夕，里尔克返回沃尔普斯韦德与家人团聚，这是夫妻俩的约定，不论双方的工作有多忙，都要在圣诞节那天一家三口团聚。

1905年这一年，里尔克收获颇丰，他出版了诗集《时间之书》，再版了《骑兵旗手克里斯托弗的爱情与死亡之歌》（第一版是在1904年）。此外，在著名的杂志《新评论》上，里尔克发表了3首散文诗，《奥尔普斯·欧利迪克·赫尔墨斯》《维纳斯的降临》《交际花之墓》。

过完了新年，里尔克回到罗丹身边，虽然上一年的巡回讲演并不成功，但是里尔克还是准备再次出发。不同的是，这一回不仅有关于罗丹的艺术演讲，还有宣传自己诗歌的朗读会。1906年2月25日，里尔克踏上行程，先后到达爱波菲尔德、柏林、魏玛、汉堡、不莱梅，演讲会与朗读会都获得巨大成功，邀请函如雪片一样纷至沓来。

3月14日，里尔克得知父亲约瑟夫病故了，第二天，他和妻子赶往布拉格，为父亲料理后事。原定的活动行程被打乱，里尔克抽出时间给罗丹发了电报，罗丹回电表示了慰问，并周到地询问里尔克的钱是不是够用，电文虽然文字简洁，但可以感觉到罗丹对里尔克的关切之情。3月末，里尔克回到巴黎，继续做秘书的工作。

与罗丹的亲密无间的交往极大地增强了里尔克的艺术生活，也为他的创作带来一些激情。但是，矛盾还是不可避免地渐渐产生了。本来，里尔克的工作时间定为每天两个小时，这样他有充足的时间自由活动。随着日子向前推移，里尔克不得不把整天的时间都放在罗丹那里，他变成了一个打杂的，数不清的琐事纠缠着他。作为一个诗人，里尔克感到自身的独立性和内心的孤独感受到了严重的威胁。

里尔克明白，罗丹的头上虽然萦绕着大师的光环，是一个走在时代前列的举足轻重的先锋性人物，一个创造奇迹的伟大榜样，但是实际上，此时的罗丹也是一个极其孤独的老人，一个白发苍苍的独行者，更何况接近古稀之年的罗丹也是病痛缠身。因此，里尔克虽然厌倦了秘书工作，但还是决定做到1906年的秋天再提出离开，可惜的是，还没等到秋天，两个人就因为一件不大的琐事决裂了。

春天，爱尔兰剧作家萧伯纳来到巴黎，拜访罗丹。萧伯纳在巴黎停留了很长时间，经常在罗丹的莫东寓所出出进进，与里尔克也有着很好的沟通和交流，这段时日也是里尔克当秘书最开心的日子。正是阳光明媚、鸟语花香的时节，里尔克完全没有预料到，一场让他百口莫辩的风暴正在悄然逼近。5月8日，萧伯纳来向罗丹告别，并于当天登上返程的火车。

5月10日，这一天的早晨和别的春天清晨是一样的，在爽朗清凉的空气里，罗丹穿着还未换下的宽大睡袍，戴上夹鼻眼镜，像平日里所做的那样，查看刚刚送到的一大沓信件。随后，他一封封地拆开来阅读，其中有一封字迹特别容易辨认，是罗丹的一位英国朋友写的，但是收件人却写着里尔克的名字。罗丹非常不高兴，他觉得里尔克背着自己干了不讲信义的事情。

一直以来，罗丹都会时不时地发脾气，但这一次，这一点琐事就让他发起火来，而且很快就暴跳如雷，里尔克完全如坠云里雾里，甚至来不及解释。罗丹叫嚷着让里尔克离开这间屋子，里尔克满腹委屈，眼睛里含着泪水，最后见罗丹没有冷静下来的意思，他只得可怜巴巴地离开了。里尔克带着自己的行李回到了以前住过的卡塞泰街。

过了一天，5月12日，里尔克给罗丹寄了一封告别信，信中说自己犹如一个偷了东西的仆人一样被轰了出来。至于罗丹为什么会有这样不冷静的举动，里尔克在当时是没有说明其中原因的。只是在几年后他给莎乐美的信中，才进行了比较客观的分析。

"令人迷惑的事情，我经历了这么多。譬如我感觉到，六十几岁的罗丹简直是大错特错了，仿佛那些数量惊人的杰作根本不是出自他的刻刀。从前的那些他不当回事儿的东西，那些黏黏糊糊的鸡毛蒜皮的小事潜伏在一边，等待时机跳出来，把他击垮。随着年龄的增长，他变得越来越荒唐可笑。对于这样的感觉和经历，不知如何是好。"

2. 《新诗集》与《马尔特手记》

失去了私人秘书的工作，里尔克在经济上再次陷入窘境，每到这样的时候，里尔克的解决办法就是出去走一走，会遇到赏识和崇拜他的人提供的舒适条件，以此来维持十分脆弱的物质生活。他先是前往比利时做了一次短时间的巡游，紧接着来到歌德堡，在那里，里尔克得到了接待和资助。作家同时也是金融家的海德在当地拥有一座庄园，里尔克在海德这里住了几个月的时间。

在青年时代，里尔克就与海德有过良好的交往，更何况，海德还是前面提到的施威琳伯爵夫人的好朋友。此前不久，海德在一本杂志上对里尔克的《时间之书》进行评论，写得非常好，也将很多读者的目光吸引到了里尔克这里。除了歌德堡，里尔克还在佛力德尔豪森、柏林、慕尼黑做了一些停留。1906年的初冬很快就到了，对于里尔克来说，在哪里过冬成了一个迫切需要解决的问题。

友人的好意和帮助再一次发挥了决定性的作用，施威琳伯爵夫人的妹妹芬恩德里希夫人伸出了援手，她在卡普里岛有一座花园别墅，她邀请里尔克到那里去度过冬天。12月初，里尔克到达卡普里岛，主人家特意腾出一间雅致的屋子给里尔克当工作室用。芬恩德里希夫人精通英语，所以其间里尔克与她开展合作，芬恩德里希夫人将英国女诗人布朗宁的诗粗译成德文，之后里尔克再把其整理为同名诗集。

没过几天，诗坛巨匠霍夫曼斯塔尔给里尔克寄来信件，请他为文学杂志《明天》写稿子，这是一本新创刊的纯文学杂志，只刊登名家的作品，可见，里尔克已经被文坛的精英人士所承认，在大诗人的殿堂里拥有了自己的一席之地。收到约稿信后，里尔克明白这可不能含糊，他把自己刚写出的两首诗寄过去，杂志社毫不犹豫，马上刊印出来。

卡普里岛是闻名遐迩的度假胜地，许多豪门望族、社会名流都会来岛上度假或者兴建自己的别墅，苏联作家高尔基在卡普里岛就有一座别墅，这一年的年末，高尔基恰巧就在这里度假，里尔克听说后，便想去拜访这位大名鼎鼎的人物。一个认识高尔基的朋友帮助里尔克写了一封介绍信，高尔基回信请里尔克来自己的别墅会面。因为各自的创作理念不同，两位大师话不投机，从此之后再没联系过。

在花园小屋，每到黄昏，主客就聚在一处畅谈。里尔克的创作成果也非常可观，一篇又一篇的抒情作品相继问世，他也写了不少兴奋之情溢于字里行间的书信，其中给妻子克拉拉写的那封简直就是文辞优美的散文。卡普里岛是位于希腊的一个石灰岩岛屿，岛上的阿纳卡普里是到这里旅行的人必游之地。

里尔克在阿纳卡普里的路上漫步，迎面而来的是浓郁的希腊的气息，土地与海洋仿佛让人置身于蛮荒时代，每当里尔克遇到岛上的居民向他们打听地名时，人们都会用一种古老的语言回答他。里尔克还从未听到过如此古老的语言，这不禁使他目瞪口呆。离开卡普里后，里尔克去往那不勒斯和罗马短暂停留。

1907年5月末，他回到了那个曾经让他忧郁让他难过的城市巴黎。与以往不同的是，里尔克没法再去莫东别墅了，也没有与罗丹联系。不过，这一回，里尔克对巴黎的感受完全改变，巴黎猛然间开始给他一种故乡般的感受，是一块适宜他进行创作的宝地了。

这之后的几个月，里尔克曾经称其为一生中最快乐的时光，因为短短的时间里，一批优秀的诗歌不可遏止地粲然问世。当然，结出硕果的过程也是艰难而充满危机的，尤其是生活上，友人的资助已经变得不可或缺。诗歌也是诗人坚韧和忍耐的结果。

1907年8月9日，里尔克把誊写好的73首新诗交给妻子克拉拉保管，没过多久，就有出版商对此表示了极大的兴趣，并决定出版这本诗集。在当年年底之前，书被赶印了出来，这就是《新诗集》第一卷，该书收入了诗人在1903年至1907年所创作的诗歌，1905年和1906年的差不多所有的作品都被《新诗集》第一卷所囊括，以那首在罗丹的建议下写出来的《豹》为开篇之作，以组诗《岛屿》为收尾之作。

值得一提的是，在《新诗集》第一卷的扉页上，里尔克在题词中写道此书是献给海德与其夫人伊丽莎白的，以此感谢他们在歌德堡对他的款待和照顾。这部诗集堪称神品，它的问世给德语诗歌增添了一个新的表现形式，就是咏物体诗。1908年8月17日，《新诗集》第二卷写成了，总共98首诗歌，马上印刷成册。在题词里，里尔克写道：此书献给罗丹。

里尔克在给妻子克拉拉的信中，曾经写道："第二卷比第一卷更高明一些，更深刻一些，对事物的把握也是不一样的。如果写到第三卷，对事物会有更客观的把握。"里尔克这样说是获得成功之后的踌躇满志，他没有创作第三卷，因为无论此前有多成功，他都不愿意进行重复性的创作。

1907年10月，为了纪念在1906年辞世的塞尚，一个名叫"秋天沙龙"的文艺组织用两间展览室的面积，举办了塞尚的个人画作展示。当时，"现代绘画之父"的冠冕还没有戴在塞尚的头上，人们只知道他早年追随过莫奈，是一个二三流的印象派画家，很多人对他的作品嗤之以鼻，只有身边的几个朋友喜欢他的画。

看画展的人们来回走动，有的表示愉快，有的皱着眉头，有的露出鄙夷的样子，还有的露出了惶恐的神色。在有些纷乱的人群里，里尔克显得格外安静，塞尚的作品是不可能让他无动于衷的，仿佛他已经不注意身边的人流，每一幅画里尔克都要看上好半天，就那样静静地凝望。

从展览会回来，里尔克给妻子写了一封信，谈了对塞尚的看法。第二天，里尔克再次去看塞尚的画展。到了第三天，里尔克去著名的卢浮宫，欣赏那些古典派大师的名作，想发现塞尚是不是从古典绘画那里得到了什么精髓和启示。因为内心里与日俱增的兴趣，一段时间里，里尔克把观赏塞尚的画当成了必修课。

因为担心自己会因文学家的眼光而偏离真实的塞尚，里尔克邀请相熟的女画家马蒂尔德·福尔摩乐与自己一起去观赏画展，结果两个人的看法惊人地一致。在这几年里，里尔克从现代派绘画那里得到了一些灵感，关于莫奈，他写了题为《阳台》和《读书人》的两首诗歌。关于塞尚，他写了题为《拐骗》和《煽动》的两首诗歌。

10月底，罗丹收到了一封信，写信人是维也纳的一位书商，名叫赫勒。原来赫勒从里尔克那里得到消息，罗丹有一百五十张左右的绘画杰作，赫勒想在维也纳举办画展，所以写信希望能与罗丹合作。平常来说，罗丹是不喜欢与外国人合作的，但因为信里提到这是里尔克的引荐，这是一个与里尔克握手言和的绝佳机会，所以罗丹没有犹豫就答应了。

其实早在1906年8月，也就是罗丹把里尔克赶出家门两个多月后，罗丹就已经后悔了，他意识到两个人之所以闹僵，主要责任是在自己身上。在给友人的信中，罗丹说到自己的脾气不好，和里尔克闹得很不愉快。但是，大师也是好面子的，即使知道错了，也要等到合适的机会才能伸出橄榄枝。

赫勒的信帮了大忙，罗丹有理由给里尔克写信了。接到来信的里尔克兴奋异常，其实他早就等待着这一天，为了分享自己的喜悦，里尔克立即给妻子克拉拉写信，其中写道："只要一心一意安静地等待，任何情况都会出现，一定会出现。"整封信一连用了很多高兴的字眼，写得神采飞扬。

1907年11月，里尔克在威尼斯待了十多天，在友人格雷菲的引荐下，里尔克拜访了娜娜·罗曼艾丽夫人和米米·罗曼艾丽夫人，这对姐妹高贵优雅，而且十分好客。其中米米夫人容貌倾国倾城，使得里尔克心潮起伏，始终难以忘怀。此后，他们之间的通信长达数年之久，字里行间都吐露出火热的情感。

圣诞节前，里尔克从威尼斯返回德国，与妻子和女儿团聚。以往每年，里尔克都会给罗丹写拜年信，只有1906年两人闹僵的时候没有写，今年两个人握手和解，礼节是免不了的。碰巧的是，《罗丹论》的修订本不久前出版，《新诗集》的第一卷也出版了，里尔克在寄拜年信的同时，把这两本书一并送给罗丹。

在一段时间里，里尔克经常外出旅行，但每次的时间都不是很长，去的地方也都是那些之前去过的地方，可以说是故地重游。大部分时间，他都喜欢待在自己家里。1908年的春天，里尔克再次去卡普里岛住了一个多月。这些年，他也交了许多新朋友，其中有一个出版商安东·基朋贝格，在莱比锡有一座漂亮的住宅，里尔克几乎把那里当作了免费的客栈，时不时就去住上几天。

1908年5月初，里尔克回到巴黎，住在蒙巴纳斯区康帕涅—布雷米街，房子是德国女画家福尔摩乐借给他住的，所以各种生活设施都是现成的，一点也不需担心。回到巴黎的里尔克并没有马上和罗丹联系，一个多星期后，罗丹得知里尔克已经回到巴黎，便寄了一张卡片过去，希望里尔克像以前一样，搬到莫东别墅旁边的小屋居住。

里尔克在回信中称自己已经浪费了太多的时间，现在必须独自一个人工作，生活里也就只有工作。里尔克这样说是婉言拒绝了罗丹的邀请。另外，里尔克也明白，经历了1906年5月的那场风波后，两个人虽然和好，但不可能再像以前那样亲密无间了，两个人的新关系更像是一种事业上的互相友爱与帮助。如果再搬到莫东别墅旁边的小屋里住，很难保证不会出现新的矛盾纠纷，所以里尔克的婉言回绝也是经过深思熟虑的。

接下来的日子里，罗丹的会面邀请特别殷勤，反倒是里尔克显得特别从容淡定。几次见面，两个人都是谈一些艺术方面的话题，曾经的隔阂并没有造成他们的尴尬和冷场。而且，罗丹不再以大师的身份面对里尔克，而是以一种朋友的身份和里尔克交往，里尔克也看出了这个微妙的变化，所以在给罗丹的信中，开头称呼直接写"亲爱的罗丹"。

1908年8月末，里尔克租住了比伦公馆的一个大房间。比伦公馆位于巴黎第七区瓦雷纳街，那时候属于政府资产，长时间闲置，没有任何收益，市政府将其作为公寓出租，租住的人绝大多数是经济条件不好的文人和艺术家。其中，住在里尔克隔壁房间的是法国著名诗人科克托。因为是政府公产，所以比伦公馆的日常维修保养十分糟糕，墙壁发霉剥落，花园里野草野花自由疯长，甚至还有野兔出没。

许多年来，里尔克还没有为屋内的家居摆设费过思量，因为他不是住在旅店，就是住在朋友那里，但是这一回，他租住的比伦公馆的房间空空荡荡的，什么也没有。对于他来说，一张书桌比一张卧床还要重要，口袋里的钱除去吃饭钱，已经不够买一张桌子了，在这种情况下，里尔克只得向罗丹求援。

"亲爱的朋友：那边的屋子我一直在简单地收拾着，我尽力不把钱花冒了。关于我的忧虑，我想可以向您诚实地说出来，不知您那里是否有一张大一点的桌子？我想借来用作书桌。时间不会很久，我会努力自我完善。如果有而又闲置不用，我会派人过去取来，希望这个请求不会打扰您的清静。如果没有，直接回答就可以了，不必顾虑我的感受。"

这封信发出两天后，罗丹派人把桌子运过来了，里尔克高兴之余，在给罗丹的感谢信中甚至称罗丹为"远古时代的天神"。作为一个游子，里尔克早就习惯了漂泊不定，差不多所有的东西都是暂时设置的，但是很有意思的是，里尔克说桌子只借用一段时间，过段时间自己会买，但是在比伦公馆居住的这段时间，那张桌子从来就没有离开过里尔克。

当年11月，一个名叫凯斯勒的友人途经巴黎，顺路来比伦公馆看望里尔克，擅长摄影的凯斯勒为里尔克拍摄了一组照片，照片非常清晰，角度也好，现在珍藏于德国文学档案馆。其中有一张照片里有那张大大木桌子，整个房间像仓库一样高大，给人的感觉像是会随时发出回音似的，里尔克侧坐在大书桌边的椅子上，一副沉默构思的表情。

1909年，里尔克主要停留在法国，他两次去法国的南部旅行，第一次去了普罗旺斯。普罗旺斯是欧洲的"骑士之城"，中世纪最重要的文学体裁"骑士抒情诗"就发源于这里，普罗旺斯也是薰衣草的故乡，一年四季里，多彩多姿的薰衣草在这里汇集成绚烂的海洋。因大仲马的《基督山伯爵》而闻名的依夫岛也位于这里。

第二次法国南部之行，里尔克去了阿维尼翁。阿维尼翁有一处十分有名的景观"贝内泽桥"，据传说，八百多年前，一个15岁的牧羊少年贝内泽听到了神的指示，决定在罗纳河上建一座桥，他独自一人将十几个人都搬不动的巨石搬到河边，确定就在这里建桥。

当地民众在他的感召下，纷纷参与建桥，用了8年时间终于将桥建成，名为"贝内泽桥"。此后数百年间，桥多次被洪水冲毁，又多次重建，后来人们放弃了，现今的贝内泽桥便成了一座断桥，成为阿维尼翁的景观名胜。

关于在阿维尼翁的所见所闻，里尔克在给莎乐美的信中做了详细的描绘。这几次旅行的收获也在《马尔特手记》里得到了展现。1910年初春，长篇小说《马尔特手记》的校对工作在基朋贝格的住宅里开始进行，当年6月，里尔克的这部伟大的著作终于出版了。该书是现代派文学的突破性之作，与他的《新诗集》遥相呼应。

3. 莎乐美与弗洛伊德

1911年，里尔克一生的"精神圣母"莎乐美已经年满50岁了，对于她来说，这一年意味着一个新的起点，荏苒的岁月并没有在她身上留下太多的痕迹，她仍旧充满活力，仿佛生命在50岁时重新开始。在莎乐美的一生中，命运之轮指向了雷波，指向了尼采，指向了里尔克，如今，命运之轮的指针指向了精神分析学大师弗洛伊德。

这一年秋天，精神分析学大会在德国魏玛召开，在会场，莎乐美与弗洛伊德碰面，莎乐美十分诚恳地要求学习精神分析学，却被弗洛伊德以开玩笑的口吻回绝了。那时候还没有人思考这门学科的教育传承问题，直到后来才在维也纳和柏林建立了一些有针对性的教育培训机构。

被弗洛伊德拒绝后，一向乐观的莎乐美开始自学精神分析学，她的想法是如果自己可以把这门学科学好，弗洛伊德或许会对她另眼相看，也就可以再次提出拜师的请求。凭借着天赋的悟性，莎乐美仅仅用了半年时间，就将精神分析学的基本课程自学完毕。1912年春天，莎乐美前往维也纳拜访弗洛伊德，希望他可以收自己为徒。同时，她也表明，自己也很想和艾尔弗雷德·阿戴勒学习。

心直口快的莎乐美不知道，她这样说是很危险的。因为当时的精神分析学领域已经分裂成好几个门派，互相之间各立山头，每个门派的代表人物甚至不允许自己的学生与别的派系学生相互往来，弗洛伊德就是坚决这样做的。荣格与陶斯科都曾是弗洛伊德的高徒，但后来他们都提出了与老师不一样的理论，弗洛伊德便把他们视为学术上的敌人。

那时，弗洛伊德与阿戴勒之间也处于对立状态，所以，这意味着，谁要是想和阿戴勒学习，就不用指望弗洛伊德会有好脸色看。所以，当莎乐美在弗洛伊德面前说出自己的想法时，没有人会怀疑她将遭到严厉的拒绝。令人惊异的是，弗洛伊德听完只是笑了笑，没有说什么，他原谅了冒失而又有些天真的莎乐美，进而答应可以收她为徒。这不禁让人感叹，莎乐美无论走到哪里，总会散发出难以置信的魔力和魅力。

莎乐美拜弗洛伊德为师，开始了长达二十多年的精神分析学研究工作，一直到她去世前。

这一年弗洛伊德刚满56岁，在莎乐美看来，弗洛伊德中等身材，穿着十分考究，目光深邃，是一个具有坚强意志和人格魅力的男人。对于20世纪的人类社会来说，弗洛伊德创建的精神分析法无疑开辟了一个崭新的天地。

以往，莎乐美在文学创作中，还有她与别人交往的过程中，她发现有许多令人困惑的问题无法解释，最后，莎乐美从精神分析法那里找到了解决办法。莎乐美以其非凡的睿智和坦率的性格赢得了弗洛伊德的赏识和称赞，这门新学说则更加开阔了莎乐美的视野，使她对人的内心世界有了更深刻的认识。

至于莎乐美与弗洛伊德的关系，并不像某些人所说的那样暧昧，准确地说，莎乐美是弗洛伊德的助手和学生，就是如此。在他们交往的过程里，没有闪现任何关乎情爱的成分，在莎乐美与男人的交往中，这样的情况是非常少见的。她视弗洛伊德为自己在学业上的一位导师，一个可敬可亲的兄长，一个值得信任的好朋友。弗洛伊德对莎乐美是喜欢的，但是这种喜欢里面一点也不掺杂男人对女人的那种喜欢。

其间，莎乐美与弗洛伊德的女儿安娜成了很好的朋友，她是弗洛伊德家最熟悉的常客。虽然弗洛伊德的大师风范和开创性学说令人敬慕，但莎乐美从不一味地盲目接受大师的观点，她敢于提出自己的不同见解。对此，弗洛伊德感叹道，还没有谁能像莎乐美这样对精神分析有如此深刻的理解和独到的观点。此后，莎乐美写了一些精神分析方面的论文，而且，在弗洛伊德的支持和鼓励下，她还开了一家心理诊所。

在1913年的一次心理学精神分析会上，关于莎乐美和里尔克的关系，弗洛伊德用他的"俄狄浦斯情结"进行了解释，因为他们之间的年龄相差15岁。这样的解释自然有合理的地方，同时也不完全。此间，莎乐美一面进行学术研究，一面将其用于心理治疗的实践，这是一段过得十分充实的日子。

除了经常性的会面，两个人还有着与交往时间对等的通信往来，1914年前后，精神分析学内部领域发生了大规模的论战与分裂，所以，两个人的通信合集也便具有了相当高的学术价值。关于弗洛伊德的日常工作情况，莎乐美用日记的形式把它们记录下来，这些内容构成了《师从弗洛伊德》一书的主要内容。

在现今保留下来的一张弗洛伊德的照片里，我们可以清楚地看见，在背景的一个书架的上方，摆着莎乐美的一张相片，由此可以看出，两个人的友谊是多么深厚。弗洛伊德过75岁生日的时候，莎乐美为了表示祝贺，写了一封题为《感谢您，弗洛伊德》的公开信。

第七章　战争阴影下的快乐时光

1. 《杜伊诺哀歌》的缘起

　　从《马尔特手记》出版到《杜伊诺哀歌》问世的十多年里，里尔克的文学活动变得低迷起来，虽然仍旧像往常一样写了很多东西，但真正出版的只有一本《玛丽亚的一生》。至于这长时间的沉默到底是因为什么，后来的研究者从书信以及诗歌草稿的梳理中发现，里尔克面临的是一次全面的生活危机，一开始，里尔克觉得是《马尔特手记》榨干了他的创作力，后来他意识到，是自己的心灵出现了某种衰竭。

　　当然，里尔克也在寻求解决办法，他在惆怅和不安中耐心地等待。同时，另一位年长的女性闯入了他的生活，并在里尔克生命的最后15年里起到了十分重要的影响，甚至和当年莎乐美对他的影响旗鼓相当。有意思的是，莎乐美一开始并不知道里尔克与这样的一个女人交往，里尔克在最初给莎乐美的信中也在有意回避这个情况。

　　这个女人是玛丽·封·图尔恩·翁·塔克西丝侯爵夫人，1855年生人，比里尔克年长20岁。她的叔叔是霍恩罗恩红衣主教，通过这层关系，侯爵夫人与当时的罗马教皇也有联系。在与里尔克相识之前，她就对里尔克的诗歌十分熟悉，而且早就有了想认识诗人的想法。1909年末的巴黎，侯爵夫人大方地主动联系里尔克，这就是两个人交往的开始。

　　另外，侯爵夫人的好友，哲学家鲁道夫·卡斯拿也在引荐下与里尔克相识，在鲁道夫看来，里尔克是一个纯粹的诗人。对于里尔克来说，塔克西丝侯爵夫人不仅是生活上的靠山，还是一位红颜知己，一个美轮美奂的大姐姐。侯爵夫人有两处十分闻名的住宅宫殿，一处是亚得里亚海畔的杜伊诺宫，另一处是位于波西米亚的劳钦宫。

1910年4月，里尔克在杜伊诺宫住了一个星期，与侯爵夫人一家人愉快地交往，其间，鲁道夫也经常来参加聚会。紧接着，里尔克在威尼斯停留了十多天。第二年10月，里尔克重访杜伊诺宫，在那里住了半年多的时间，其间有两次短暂的离开。这座庄园历经几百年的风雨，因而具有了一种十分优雅的特别的氛围，是很理想的工作环境。1912年1月，新的创作冲动产生了，《玛丽的一生》就在这时问世。

1912年夏天的时候，在塔克西丝侯爵夫人位于威尼斯的住宅里，里尔克与一位名叫艾莱奥诺拉·杜塞的女人几乎终日形影不离，这是同时代的一位卓越的女性，里尔克觉得她很符合自己对于女人的观念。从两个人的交往过程可以看出，里尔克对伟大女性的亲近并不是盲目和没有原则的。可是没过多久，里尔克对杜塞情感的阴暗的一面显露出来，他甚至觉得杜塞的存在会让一座本来很好的房子变得了无生趣，两个人渐渐疏远。

与此同时，里尔克对生活有了一些全新的设想，许多年来，他一直希望接受系统化的教育，以弥补自己的空白之处。在这一阶段他给莎乐美的信中，里尔克提到自己想去慕尼黑大学进行专门的学术研究，他也为自己的神经衰弱感到忧虑，向莎乐美咨询精神分析方面的治疗方法。没过几天，在另一封信中，里尔克放弃了治疗计划，理由是他担心"在驱除魔鬼的同时，可能也会把天使一并逐出”。

所有的一切都是在默默地为巅峰之作做着准备，有一天，在杜伊诺宫居住的里尔克收到了一封令人讨厌的来信，虽然这让他感到不快，但里尔克还是决定回信。他走出屋子，一边思索着回信写些什么，一边在城堡庞大的阴影里走过。

里尔克伫立于六十多米高的海岸高地上，汹涌的海浪冲击着岩石，亚得里亚海特有的下降风吹拂着诗人瘦弱的身躯，一切都是那么的荒凉。这里曾经是古罗马的瞭望台，意大利东北部的海港城市提里亚斯特离得不远，传说但丁曾经来过这里，并完成了《神曲》的一些篇章。多少年过去了，又一位大诗人宿命般地站到了这里，来接受上天的指示。

蓦然间，里尔克在彻骨的狂风中似乎听到一个声音向他喊道："是谁在天使的军中听到了我的怒吼？"他马上把这句话记了下来，在走回住处的路上，一连串的诗句仿佛早就准备好了似的不可遏制地迸发出来，回到屋里，里尔克伏在案边奋笔疾书，到了当天傍晚，《杜伊诺哀歌》中的第一首哀歌诞生了。

以此为开端，里尔克跨入了一个神秘的语言世界，这将他与同时代的人们分割开来。映在人们头脑里的仿佛是这样一个情景，里尔克傲然独立于绝高的顶峰，笑看人们终归何处。《杜伊诺哀歌》的创作历时10年，作品的命运与诗人的命运血肉相连，它是一切希望的所在，这部用德语完成的诗集也是一个诗歌时代的坐标。没几天，第二首哀歌也诞生了，同时，其余的哀歌也在孤独而漫长的酝酿之中。

里尔克为《杜伊诺哀歌》的完成付出了重大的代价，诗歌创作的激流不再肆意流淌，仿佛进入了枯水的季节。一直到1913年的11

月，里尔克又写出了几段新的诗歌。其间沉寂了两年，到了1915年深秋，第四首哀歌诞生了，紧接着又是长达6年时间的默然。《杜伊诺哀歌》的最终全部完成犹如一次漫长而又痛苦的分娩过程，里尔克在这个过程里承载了太多的东西，可以说是在用心血浇灌含苞待放的花朵。

关于诗歌的形式方面，法兰西的形式失去了魅力，里尔克越来越倾向于德国古典文学，即诗歌韵律的母体为德国古典诗歌的感觉与形式。一直以来，里尔克对歌德的作品都没有什么太大的兴趣，不过此时，他终于发现了这位权威的伟大之处。

除了歌德，里尔克对克洛普斯托克和荷尔德林也产生了浓厚的兴趣。1913年末，里尔克在给友人的信中说道，年轻的时候，我读过克洛普斯托克的作品，只是涉猎过一些，没有全部看完，但这样也是有好处的，现在我读他的作品，我的相对成熟的情感可以将他最具力量的东西一下子就把握住，这在年轻时未必能做到。

荷尔德林对里尔克的影响要更大一些，尤其是荷尔德林后期的作品，是一些赞歌，还有一些未完成的作品，这些东西很少为人所知，湮没了一个多世纪。盖奥尔格有一位弟子名叫诺贝特·封·海林格拉特，也是一位学者。早在1910年的时候，里尔克在巴黎就认识了海林格拉特，海林格拉特一直致力于将荷尔德林晚期的作品整理出版，这项工作长达几年之久，里尔克对这项伟大的工作始终保持极大的关注。

到了1914年，海林格拉特初步完成了整理工作，但还没有最后定稿，为了让读者先睹为快，从全集的第四卷中抽出一部分来编辑出版了诗集《荷尔德林》，里尔克可以说是读者里面最肃然起敬的一个，诗集所体现出的诗歌搭配形式法则与里尔克对自己诗歌形式的设想竟然不谋而合，同时，里尔克也为海林格拉特辛苦工作的成果激动不已。

2. 非洲和西班牙

作为一个游吟的诗人，旅行贯穿了里尔克的一生，在这几年的时间里，有两次非常重要的游历，一次是非洲之行，另一次是西班牙之行。非洲之行是在1910年11月中旬开始的，在出行之前，里尔克着实犹豫了一段时间，考虑着要不要去那么边远的地区，最后他下定决心成行，为的是让自己优柔寡断的性格和身心显露出的病态情况得到某种程度上的纠正。在里尔克看来，非洲的异域情调对于他或许是一剂良药。

出发前一天，里尔克给罗丹写信，想当面辞行，"亲爱的朋友：方才知道昨天您想见我，但不凑巧错过了。守门人说您要外出，不知是否属实。星期六，我要从马赛出发去阿尔及尔。今天我会到府上拜访，我的朋友奥尔特斯多芙夫人想一同前往，不知您是否介意？这次旅行我们结伴前往，以前我也和您提起过她，她非常崇拜您，可惜她不会讲法语，但是她很期待这次会面，我也希望她有机会欣赏您那里的画作。"

里尔克在信中提到的那个旅伴名叫艳尼·奥尔特斯多芙，她的丈夫是在慕尼黑做皮草生意的。里尔克已经和她认识了很长一段时间，除了书信往来，里尔克还曾经去她家里停留过。11月18日，里尔克和艳尼在马赛登船，开始了北非之行。虽然里尔克对朋友宣称有好几个人随行，但是实际上只有他们两个人，不知道克拉拉得知后会做何感想。

他们最先到达的是阿尔及利亚的首都阿尔及尔，然后是阿尔及利亚东北部的城市比斯克拉，这里是撒哈拉沙漠的北部边缘。随后，里尔克和艳尼在两个不太闻名的城市坎塔拉和卡尔塔戈做了短暂停留。

12月中旬，里尔克和艳尼抵达突尼斯，随后前往伊斯兰教圣城凯鲁万，在同一天寄出的给妻子克拉拉的信中，里尔克叙述了自己在这里的奇异而新鲜的感受。原定计划他们的下一站是埃及，但是身上的钱已经花得差不多了，两个人便去了意大利。

刚到意大利没几天，《时间之书》再版的稿费寄来了，数额有900德国马克，虽然不是很多，但是里尔克还是决定再去非洲。1911年年初，里尔克和艳尼从那不勒斯出发，开始了非洲之行的第二条路线。他们先是到达埃及首都开罗，然后溯尼罗河而上，一路辗转停留，最后抵达了尼罗河第一瀑布以北的阿斯旺。在卢克苏尔，里尔克和艳尼参观了著名的卢克苏尔神庙。

2月初，里尔克和艳尼返回开罗，长途跋涉加上没有得到很好的休息，里尔克显得十分疲劳。在给出版商基朋贝格的信中，里尔克称自己不知该如何应对周围的一切。更糟糕的是里尔克的那点稿费也所剩无几，有一天，里尔克发现艳尼也不见了，向旅馆的老板和看门人打听才知道，艳尼已经带着行李悄悄地走了。

里尔克的生命里前前后后出现了很多女人，每一个都性格不同、风姿迥异，但其中最神秘的就要属这位艳尼·奥尔特斯多芙夫人，自从她悄悄地离开里尔克后，便几十年都没有出现过。许多研究者和好事者对这个神秘的女人一直没有放弃追踪，各种猜测也是铺天盖地，有的说是里尔克与她感情上闹僵了，有的说是因为里尔克没有钱又生病，艳尼不愿意照顾他。

一直到1946年，此时已经是里尔克病逝20周年之后，艳尼本人也是个垂垂老矣的老太婆了，一家报社终于找到了这位当事人，询问她当初为什么会不告而别。虽然事情过去了很多年，但艳尼对此记忆犹新。她说里尔克和普通人是不一样的，是一个极度敏感的人，能让人哭笑不得，他已经完全脱离于现实生活之外，一个世俗一些的女人和他在一起在生活上是没有出路的。艳尼的这段话解释了她不告而别的原因。

里尔克就这样在埃及的旅途中病倒了，每当在这样穷困潦倒的关键时刻，总会有人站出来帮助里尔克，仿佛缪斯在冥冥中一直关注着这个才华横溢的诗人。这一次挺身而出的是一位德国男爵，名叫克洛普，他曾经帮助过里尔克的妻子克拉拉，这一回里尔克本人也受到了他的恩惠。在克洛普的别墅里，里尔克休养了一个多月，身体渐渐康复后，他结束非洲之行，回到了威尼斯。

非洲之行在里尔克的头脑里留下了很多东西，但他并没有马上将这些所见所闻所感转化为诗句，在里尔克自己看来，这些东西需要经过岁月的沉淀，才能够变为诗人可以享用的精神大餐。果然，直到10年之后，又一个创作春天的来到，对往事的追忆汇合成一股春潮，里尔克在《杜伊诺哀歌》和《献给奥尔普斯的十四行诗》中将尼罗河畔那种神秘的亮色描摹了上去。

1912年11月，西班牙之行开始了，这一次旅行里尔克做了充分的准备，尤其是心理方面的准备。他最先到达了托莱多，托莱多是一座山城，位于西班牙首都马德里西南71千米处的一座山上，塔霍河流经托莱多城的三面，河水湍急，形成了天然的护城河。没有河水流经的那一面建有两道城墙，易守难攻，自古就是兵家必争之地。

里尔克之所以将这里列为旅行的第一站，是因为在1908年的时候，他在一场画展上看到了西班牙画家格雷科的油画《托莱多》，这个城市在格雷科的笔下被画得夸张奇绝，里尔克被这样的风格深深吸引，他激动之余给罗丹写信，但是罗丹对这位画家不感兴趣，而且对里尔克直言不讳，但是这没有影响里尔克对格雷科的欣赏。为了好好看一看托莱多这座城市，他在这里停留了将近一个月。

随后，里尔克来到瓜达尔基维尔河畔的科尔瓦多。公元8世纪的时候，科尔瓦多开始繁荣起来，当时的西班牙被摩尔人占据。13世纪的时候，科尔瓦多兴建了很多大型的防御建筑，例如基督国王城堡和卡拉奥拉高塔要塞，成了具有代表性的历史陈迹。在古城里随意散步，都可以望得见莫雷纳山脉，而古城的四周是一大片平原，盛产各种农作物，每到收割时节，总是一派天高地远的温暖景象。

在这之后，他在西班牙西南部的塞维利亚和隆达做了停留。隆达靠近直布罗陀，这里的气候很像在意大利，里尔克特别喜欢这样的环境。在维多利亚女王酒店，里尔克一连住了两个多月。从里尔克寄给塔克西丝侯爵夫人的信中，可以看得出他的身体状况非常好，灵感与想象力也很是丰富。1913年2月，里尔克在莎乐美的劝告下，启程返回巴黎，结束了西班牙之行。

1913年秋天，里尔克和莎乐美一同出门游玩，他们从慕尼黑出发，经过海雷兰到达巨人山脉，巨人山脉是波西米亚苏台德山脉的主要部分，是登山和滑雪的圣地。其间，里尔克在莎乐美的笔记本上写了一句意味深长的话："在一些可怕的条件下，最决绝的禀赋气质可能为最后的成功提供一种关键的可能性。"

在第一次世界大战爆发的前几年里，里尔克除了酝酿创作《杜伊诺哀歌》，还进行了大量的翻译工作。前面已经说过，里尔克在友人的协助下，翻译编辑了英国女诗人布朗宁的十四行诗，此后，里尔克又先后翻译了三部相对来说比较有震撼力的作品，主题都是表现女性爱情的伟大力量。

第一部是伯舒埃的《改邪归正的妓女的爱情》，是一本法国的古典训诫教导类作品。第二部是修女玛丽安娜·阿尔克弗拉多的《葡萄牙通信集》，在世界文学里，该书也是享誉盛名的情书集。玛丽安娜是一位葡萄牙的修女，是写信人，她爱上了法国军官沙米易侯爵，没几天，沙米易侯爵被法王路易十四派往战场，从此天各一方。

这本书信集体现的时间跨度为一年时间，玛丽安娜向沙米易侯爵倾吐了自己的一见钟情，到后来的日夜牵挂，茶饭不思，最后玛丽安娜发现这场感情终究是落花有意流水无情，因而结尾的那封信里充满了哀怨的喟叹。尽管有学者怀疑这本书信集的真实性，但是里尔克毫不怀疑，他在法国国家图书馆看到《葡萄牙通信集》后，被玛丽安娜的爱情所打动，爱不释手，尽管该书已经有德译本，但是里尔克还是决定重新翻译。

第三部是里昂大作家露易丝·拉贝的十四行诗，总共有24首。这一系列的作品所体现出的不可遏抑的爱情仿佛要挑战人类接受能力的底线，正是里尔克在自己才华的沉寂期发现了这样的东西。

除此而外，里尔克开始着手翻译莫里斯的《半人半马的怪物》，还有安德烈·纪德的《离家出走的儿子归乡》，翻译纪德的这本作品对于里尔克来说会比较亲切，因为"游子回乡"这个题材，他在《马尔特手记》中已经使用过了。里尔克与纪德的相识是在1910年，那时里尔克还旅居在巴黎，两个人在文学上的切磋也是很愉快的人际交往。

纪德的婚姻并不美满，但这也可以说是他自己造成的。早年的时候，纪德一直爱慕他的表姐玛德莱纳，多次的求爱都被拒绝。1895年5月，纪德的母亲病危，在病榻之上，她请求玛德莱纳答应嫁给自己的儿子，玛德莱纳终于答应了。但是，纪德是具有同性恋倾向的人，在此前一年的非洲旅行中，纪德在阿尔及尔结识了王尔德并意识到自己有这样的倾向，而王尔德可以说是个不折不扣的同性恋者。

妻子玛德莱纳发现后痛苦不堪，多次劝说也没有起到什么效果，生活得十分抑郁。纪德后来成为保护同性恋权益的代表性人物，但这丝毫没有影响他在文坛上的地位。纪德对里尔克的长篇小说《马尔特手记》很是佩服，曾经择取其中的片段将其译成法文。纪德的德语说得非常好，所以他与里尔克的交流一点也不是问题，据里尔克的回忆，与纪德的交流非常有意思，让他获益匪浅。

在巴黎期间，里尔克还结识了著名的文学家、思想家罗曼·罗兰，另外，比利时诗人爱弥尔·威尔哈伦也成了他的朋友。尽管里尔克从德国古典文学大师歌德、荷尔德林那里找到了认同感，但他对法国当代文学的关注也从来没有停止过，对尚未出名的普鲁斯特的认可就是里尔克的一段佳话。

从1906年开始，因为哮喘病时不时地发作，马塞尔·普鲁斯特只能闭门在家里写作，拉上窗帘，与房间里暗淡的光线为伴，如同一个幽人。到了1913年，他完成了鸿篇巨制《追忆似水年华》的三个部分，即《在斯万家这边》《盖尔芒特家那边》《重现的时光》，理解普鲁斯特作品的人如同凤毛麟角，也没有出版商愿意出版这样奇怪的小说。

最后，贝尔纳·格拉赛同意出版，但要求普鲁斯特自己出资。这样，《在斯万家这边》在1913年出版。根据约定，《盖尔芒特家那边》暂定在1914年出版，《重现的时光》暂定在1915年出版，但因为1914年7月第一次世界大战爆发，贝尔纳·格拉赛应征入伍，这两个部分的出版工作被迫延后。

1913年的时候，里尔克阅读了《追忆似水年华》的第一卷《在斯万家这边》，深深地为普鲁斯特的才能所折服。在当时的文坛普遍不能理解普鲁斯特的背景下，里尔克独具慧眼地看出普鲁斯特及其作品具有非同寻常的意义。

3. 与罗丹绝交

前面已经说过，在1906年5月，因为罗丹的性格急躁，他与里尔克两个人闹僵了。后来机缘巧合，罗丹意识到了自己的错误，两个人很快和好了。虽然关系发生了某种细微的变化，但是罗丹和里尔克依旧很亲密。恐怕他们谁也不会想到，时隔几年之后，他们会再次绝交，而且比前一次更加彻底。

整个事件缘起于1912年8月，德国曼海姆博物馆的馆长威科特想购买罗丹的雕塑作品《巴尔扎克》，因为与罗丹不熟悉，便委托里尔克作为中间人。另外，威科特看过克拉拉的作品展览，对她的才能很是佩服，便下订单委托克拉拉做一尊罗丹的半身像。很明显，这两件事都需要得到罗丹的首肯。

尤其是第二件事，妻子克拉拉的才能，里尔克是心知肚明的，只因经济条件窘迫，又与女儿和丈夫聚少离多，导致克拉拉精神上经常郁郁寡欢，这对雕塑创作也是很大的妨碍。后来，随着知名度渐渐扩展，克拉拉陆陆续续接到了一些订单，生活条件得到改善，同时把女儿露特接到自己身边。如果能把罗丹的半身像完成，克拉拉在雕塑界的地位就能迈进一大步，因此里尔克对这张订单格外重视。

1912年8月19日，里尔克写信给罗丹，将这两件事和盘托出，希望罗丹能够帮忙。一连等了两个月，也不见罗丹的回信。因为此时罗丹根本不在巴黎，他与一个情妇的关系纠缠不清，所以为了躲避，便外出旅行了。这位情妇就是舒瓦茨尔夫人，她的丈夫是位侯爵，经历了几年的地下情人关系后，1909年初，罗丹以经济补偿作为条件，使得舒瓦茨尔侯爵默认了妻子和罗丹的关系。

1912年7月，罗丹的一箱珍贵的画作丢失了，一番周折之后，终于查明原来是舒瓦茨尔夫人监守自盗，偷了这些画，随后，罗丹与舒瓦茨尔夫人断交。舒瓦茨尔夫人仍旧纠缠不清，希望罗丹能原谅她。为了躲避这个难缠的女人，罗丹先是到了比利时的布鲁塞尔，之后又到了法国北部城市里尔，他的秘书也没有将里尔克来信的事告知罗丹。

10月4日，暂住在杜伊诺宫的里尔克再次给罗丹写信，把请求又说了一遍：“亲爱的大师，关于那件作品的买卖是否符合您的心愿……如果您答应与博物馆进行商谈，大概需要什么条件呢？另外，馆长委托我妻子创作您的半身像……希望您能允许她去巴黎，好完成这项工作……如果您同意，她会按照您的安排去巴黎。”

这封信寄出去没几天，罗丹回来了，因为他得知舒瓦茨尔夫人搬到了布列塔尼，这下终于可以放心回家了。看到里尔克写的这一前一后两封信，罗丹立即口述内容，让秘书代写回信。关于《巴尔扎克》，罗丹表示他有些为难，因为这尊塑像诞生之日起就成为舆论焦点，引起了国内的激烈争论。因此，罗丹将这尊雕像放在莫东别墅的花园里，一直没有出售，他等待国人认可这件作品。

即使有一天出售，也要先卖给国内人，然后才能接受外国人的预订，制作一模一样的雕塑。如果国内还没有交易，就率先卖给一个德国人，会引起法国民众的不满。因为自从普法战争以后，法国和德国就处于交恶状态，此时又是第一次世界大战前两年，在平和的外表下已经有暗流涌动。

当然，罗丹也没有把话说绝，他说如果时机得当，他会第一时间通知里尔克。至于克拉拉制作罗丹半身像的事情，罗丹没有拒绝，只是说要推后几个月。实际上这个提议也是暗含了拒绝，一个原因是罗丹对克拉拉的雕塑水平并不是完全放心，另外的原因是，让一个德国人为自己塑像，担心引起非议。这样的内在情由，里尔克是完全没有考虑到的。

至于罗丹呢，如果他只是一个窝在工作室里做塑像的文艺人士，也未必会考虑这么多。但是，罗丹除了是一个雕塑家，还是一个半官方性的人物。在法国官方的艺术委员会里，罗丹是重要成员，同时也是艺术家协会的领导层，所以罗丹面对里尔克的这两个要求，不得不考虑很多。同时，罗丹又不能明明白白地跟里尔克说清楚，这段友谊就像逆流而上的河流一样，离尽头已经不远了。

1913年很快就来到了，克拉拉知道罗丹曾经说春天的时候有时间完成半身像，便要丈夫与罗丹联络，里尔克在3月30日写信给罗丹，请求罗丹能够安排具体日期，因为克拉拉就要来巴黎了。让他感到意外的是，罗丹明明人在巴黎，却没有回音，这不是个好兆头。里尔克焦急起来，在4月4日，他再次写信，其中写道"我相信我们之间的珍贵友谊"。

罗丹不知是在犹豫，还是下定决心不帮忙，总之，他还是没有回信。里尔克有些失落，不过在4月11日，里尔克仍旧写了几页书信，寄给罗丹，算是做最后的努力。罗丹的态度有所松动，他要求克拉拉在给自己塑半身像时，自己不用像木头一样坐在那里摆造型，这是他的底线。克拉拉答应了，并很快来到巴黎。5月11日，里尔克和克拉拉去莫东别墅做客，那一天过得很愉快。

但是，接下来的事情超出了里尔克的承受能力。克拉拉每天都去罗丹的工作室，能近距离观察罗丹，但是因为罗丹拒绝摆造型，同时一些别的条件也不具备，制作罗丹半身像这个计划泡汤了。为了补救，便用一个名叫西多妮的女人作为模特，塑制了一尊西多妮塑像。幸好这件作品完成得非常精美，克拉拉很满意，曼海姆博物馆的馆长威科特也答应买下这尊替代品，一切看似皆大欢喜，但是里尔克却忍受不了这个结果。

妻子克拉拉的这个订单，里尔克非常看重，他一开始就和妻子说，这件事情由他负责完全没有问题。从他与罗丹的交情上看，也确实看不出会有什么问题。但是因为罗丹的个人原因，误会还是不可避免地产生了。妻子没有达成预定目标，这让里尔克的自尊心难以容忍，他觉得无比难堪。也就是从这时候起，直到罗丹去世，里尔克再没有与罗丹联系过。

1917年11月17日，罗丹病逝，终年77岁。第二天，因为妻子克拉拉的生日马上就要到了，里尔克正准备写贺信给妻子，却得知了罗丹的死讯。里尔克放下笔，在房间里踱来踱去，追忆着往昔，不禁黯然神伤。

过了好久，里尔克又坐回书桌边，提笔给妻子写信，不过整篇书信都没有写一句"生日快乐"，说的都是罗丹的死和这件事带来的东西。他这样写道："我们不仅失去了巴黎，也失去了那里的一切，现在，连这最后的也失去了，所有的画面飞逝了，无影无踪。"

4. 战时的人和事

1914年夏天，里尔克前往哥廷根，去莎乐美家里小住了一段时间。莎乐美发现了里尔克身上的许多变化，他那双大眼睛变得更加细长，谈吐方面也具有了作为一个男人的真正的幽默感，同时带着一种让人高兴的孩子气。

早在沃尔弗拉茨豪森的时候，里尔克和莎乐美两个人之间就有一个共同的爱好，光着脚在林边的草地上漫步。再次小聚，两个人回忆着先前一起度过的那些愉悦的时光，历经岁月的沉淀，心中的情爱渐渐消退，存留下来的是无可替代的友情与亲情。

正值盛夏时节，热烈中洋溢着一丝丝的清爽，阳光灿烂地照着，草莓和玫瑰的香味弥漫在空气里。清晨，里尔克与莎乐美很早就起床，在露水尚未消退的湿漉漉的草地上，他们光着双脚悠闲地散步。没过几天，这样的宁静就被打破了。

第一次世界大战爆发了，德国和奥匈帝国隶属于同盟国集团，法国则属于协约国集团，因此，在德国哥廷根的里尔克没法再回巴黎，当然，这也在无形中保证了里尔克的自由，因为留在法国的德国籍公民和奥匈帝国公民都被法国政府实施了隔离政策。没过多久，里尔克留在巴黎的行李物品被查封，直到许多年后才取回来其中的一部分。

里尔克和莎乐美一同离开了哥廷根，里尔克去莱比锡拜访他的出版商基朋贝格，莎乐美去了慕尼黑。里尔克与莎乐美约定过几天就去慕尼黑与她会合。在基朋贝格的家里，里尔克住了一个星期，此时，德国正在进行全国总动员，狂热的爱国主义思潮打破了一切原有的生活秩序。

因为时局动荡，莎乐美猜测里尔克无法从莱比锡赶来，所以就坐上最后一班火车回家了。同时，里尔克也以同样的想法猜测莎乐美，便告别基朋贝格，急急忙忙赶往慕尼黑，就这样，两个人之间相互错过了。本着随遇而安的心理，里尔克在慕尼黑客居下来。

慕尼黑当地有一个很有名气的精神科医生，名叫施陶芬贝格，是个医学博士，8月初的时候，里尔克拜访了这位医生，咨询了一些关于精神方面的问题。其实，里尔克精神和心灵方面的疾患，医生是没有什么办法的，只有里尔克自己才能与之抗衡，当然，要借助某种外力，比如对莎乐美的情感或者是塔克西丝侯爵夫人的关怀。

本来，里尔克打算广泛与欧洲各国的知名文艺人士保持联系，他的心中充满了高远的希望和宏大的计划，酝酿着做出更大的成就。迅速蔓延的战火打乱了里尔克的步调，狂热的战争动员使得诗人自己胆战心惊。然而很有意思的是，里尔克突然之间觉得自己有能力用诗歌向战争做出一次回应。没过几天，《诗歌五首》诞生了，这一成果完全是在世界大战的催生下完成的。

在《诗歌五首》里面，里尔克没有鼓动战争、赞美战争，而是独具慧眼地看到了战争背后的巨大创伤和痛苦。在当时，连霍夫曼斯塔尔和亚历山大·施罗德这样的知名作家都在创作与敌人战斗的作品，并写下了誓死效忠祖国的誓言。相比之下，里尔克更像一个有着冷静头脑的旁观者，《诗歌五首》也顺理成章变为一份诗歌形式的年代文献。

战争如同巨大的铁碾一样碾过了无数人的身躯，里尔克的好几位朋友就是以这种方式告别世界的。1914年，画家戈兹·封·则肯多夫在战斗中死去。1916年，在凡尔登战役中，海林格拉特和弗朗茨·马克不幸捐躯。1918年，诗人贝恩哈德·玛维兹战死沙场。其中，海林格拉特的阵亡尤其使里尔克感到悲伤，这位耗费心血完成荷尔德林诗集编选的青年才俊竟然率先离世了。

战争期间，大多数时间里，里尔克都居住在慕尼黑，相比于首都柏林一片摩拳擦掌的喧嚣景象，巴伐利亚首府慕尼黑显然较为冷静一些，这里是平民的理想居处。其间，里尔克曾经两次短暂地离开，第一次是1914年9月他去伊萨尔河谷的一处地方疗养休息；第二次也是去同一地方疗养，时间是1915年2月。总的来说，这是一段令人忧伤的岁月，在十分不平静的时局下，里尔克没有什么突出的艺术成就。

有一天，里尔克收到了塔克西丝侯爵夫人寄来的一张明信片，在上面，侯爵夫人兴奋地告诉里尔克，杜伊诺宫一点也没有受到战争的损害，整座建筑完好无恙。在里尔克看来，原本有意义的生活失去了其本来的魅力，为杜伊诺宫的仍然存在而感到喜悦，这是没有意义的，所以，他给侯爵夫人的回信里充满了哀伤的情调。令人难过的是，随着战火的蔓延，杜伊诺宫到底没有逃过这次劫难，在炮火的摧残下，它变成了一堆瓦砾。

1915年初夏，因为战时征兵，里尔克接受了身体检查，检查结果表明以他的身体机能是不适合服役的。前面已经说过，在军事学校学习的里尔克很大程度上是因为身体吃不消而退学的，而且此后的历次体检，都证明他不适合服兵役。早在1897年夏季的时候，里尔克第三次征兵体检不合格，这对他来说是一个喜讯，他特意从沃尔夫拉茨豪森发电报给莎乐美，"我自由了，快乐随之而来。"

这一回体检仍然不合格，里尔克不由得松了口气，哪里料到仅仅过了几个月，政府的征兵部门再次找到他，命令里尔克必须服兵役，而且是不容置疑的口气。就这样，里尔克在1916年初无奈地走进军营，参加为期3个星期的步兵操练。随后，他被派往维也纳战争档案馆做文职工作，相比于炮火连天的前线，这已经是一份美差了。

这份工作的工作时间是每天上午9点至下午3点，工作环境也很舒服，从事的是抄抄写写的十分枯燥的工作。很多人乐意做这样的事情，但里尔克则感觉这是一种沉重的负担，他天生对这种庸庸碌碌厌恶透顶。同事们用奇怪的眼光看着里尔克，里尔克倒是毫不在意，他只是忧虑这样的无所事事能不能有个期限。在给出版商基朋贝格的信中，里尔克调侃自己的戎马生涯的关键词就是"无所事事"。

所幸的是，里尔克在维也纳战争档案馆只工作了5个月，到了1916年的6月，在有着丰富人脉关系的朋友的帮助下，里尔克拿到了退役许可证书，他终于摆脱了那个囚禁他的环境。随后，里尔克在维也纳附近的洛道恩住了几个星期，其间请一位早有交往的画家给自己画了一幅肖像。当时住在洛道恩的还有霍夫曼斯塔尔一家人，有这样的邻居住在附近使里尔克欢喜不已。

在给塔克西丝侯爵夫人的信中，里尔克写道："我和善良的霍夫曼斯塔尔做了邻居，您一定能想象得到，这是多么的让人开心啊！先前，我住在古老的斯特尔策旅店，离霍氏一家人很近。没几天，我又搬到他们家对面的小亭子里了，可以朝夕相闻。一处花园将我们的屋子连为一体，花园里芍药花和玫瑰花正在盛开。"

7月末的时候，里尔克回到慕尼黑，住在一处很雅静的小房子里，过起了文人特有的蜗居生活。至于在文学创作方面，除了战争初期的《诗歌五首》外，1915年夏末是一个诞生成果的阶段，那是在里尔克进入军营前的几个月里，不知不觉之间，内心的冰块渐渐消融，如水的诗歌沉寂了一段时间后又开始流淌。其中，《死神》在里尔克的如花妙笔下，已经达到了语言可能性的极限，同时，《摩西之死》这样的杰作也诞生了。

第一次世界大战历时4年，到1918年11月才结束，那么里尔克是怎样度过战争后期那些岁月的呢？在给友人的信中，里尔克说自己每年都待在慕尼黑，默默地等待着，他觉得这样的日子一定会有尽头。他几乎终日坐在书桌边，阅读名家作品，他从没有像现在这样更容易接受别人的影响。

除了继续花很大精力研究德意志古典文学的权威人物荷尔德林，里尔克还阅读列夫·托尔斯泰、挪威作家克努特·汉姆森的作品，还有德国文学史专家龚德尔芬贝尔撰写的理论著作《莎士比亚和德意志精神》。里尔克沉下心来阅读学习，并不完全因为受到战争的影响，每当遇到创作比较滞涩的时候，他都会安静地坐下来，希望能从书本中汲取外来的力量，帮助自己打开思路。

其中，奥尔夫雷德·疏勒对里尔克的影响不可或缺，他是一位神话研究专家兼考古学家，其研究理论的核心思想是宇宙神秘论。疏勒的老师是大名鼎鼎的法学家和神话学家巴赫奥芬，巴赫奥芬以自己的"母权说"特立于世，作为弟子的疏勒把发扬光大老师的学说作为己任，几乎一生都在奔走。

第一次世界大战期间，奥尔夫雷德·疏勒在慕尼黑做了一系列关于古罗马的报告演讲，经他的精彩描述，古罗马王政时期的生活意识和风俗以及图腾崇拜得到了动人的体现，不仅同样持宇宙神秘论的人欢喜不已，其他听众也被震动了，社会上掀起了一场广泛的争论。1915年的一天，里尔克出现在听众的人群里，并以此为机缘认识了疏勒，在随后写给塔克西丝侯爵夫人的信中，里尔克对疏勒进行了盛赞。

里尔克有着自己的空间与世界观念，而疏勒的学术理念恰巧对里尔克这方面的观念起到了支撑作用，所以，里尔克对这位神秘论宣传家的认同与好感是不奇怪的。疏勒去世的时候，是穿戴着罗马装束入土的，这是按照他生前的要求做的，疏勒也终于以一种略显执拗的方式完成了知行合一。

在介绍疏勒对于里尔克的影响时，不得不提到里尔克的一部与《杜伊诺哀歌》齐名的代表作《献给奥尔普斯的十四行诗》，据里尔克自己的说法，十四行诗中的不少篇章应该说是疏勒的作品，因为是与疏勒的直接接触才诞生了这些篇章。

疏勒逝世后，里尔克来到了自己住处附近的一座破败不堪的乡村小教堂，这里已经完全荒废了，也不再有人在教堂里做弥撒，小教堂以一种敞开的方式回归到了神祇所有的状态。里尔克带来了几枝花苞初绽的水仙花，并把它们放在祭坛上，以这样简单而又朴实的方式纪念伟大的奥尔夫雷德·疏勒。

虽然在里尔克的一生中，他受到了这样或者那样的影响，但是，他并不是将别的作家的观念全盘照搬。即使他没有刻意去做，别人的思想也在不知不觉之间慢慢转化，变成里尔克需要的和可以消化的东西。总结起来就是，外部的土壤滋养了诗人里尔克的心灵。关于弗洛伊德的精神分析学，里尔克曾一度对其非常有好感，也借鉴了一些，但他反对将精神分析学应用于临床治疗。

在战争年代，里尔克的诗歌创作方面虽然有耀眼的亮点，但总体来说是残缺不全的。相比较之下，他写的书信似乎比他同时期的某些作品价值更大一些，有研究者曾经这样形象地描绘道：里尔克的一些作品像衣服表面，书信像衣服的衬里，做衬里的布料十分贵重，这有时会让人产生这样一个想法，即将衣服翻过来穿，衬里朝外。"

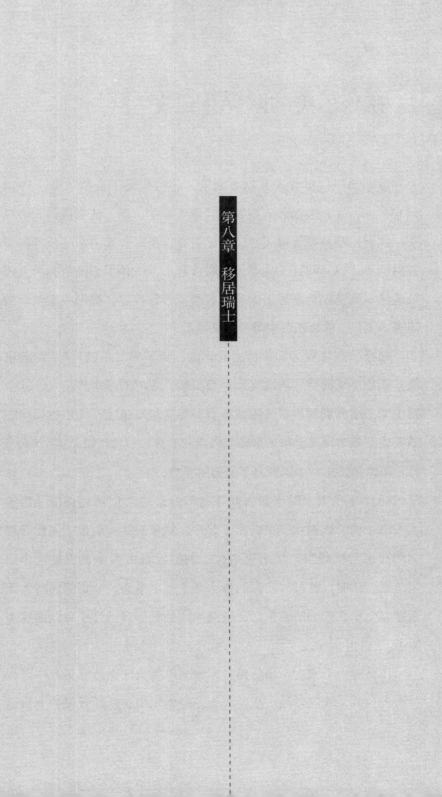

第八章　移居瑞士

1. 在莎乐美的陪伴下过冬

就在第一次世界大战结束前期，德国爆发了反战革命。1918年10月末，基尔港的数万海军官兵发生哗变，他们认为德国大势已去，此时出战只是自取灭亡，毫无意义，所以官兵们拒绝执行海军部的命令。11月初，工人与士兵联合起来，占领了德国西部的大部分地区，为"议会共和"做着筹划准备。紧接着，德皇威廉二世被迫宣布退位，德意志帝国时代被终结了。

社会民主党成为领导德国的政党，到了第二年的1月，左翼组织"斯巴达克同盟"再次发动革命浪潮，短时间里声势浩大。社会民主党主席弗利德里希·埃波特调动军队进行镇压，斯巴达克同盟的两位主要领导人卡尔·李普克内西和罗莎·卢森堡被杀害，到了5月，革命被镇压，德国恢复了表面的平静。

1918年秋天，对于如火如荼的革命形势，里尔克兴奋地给予了关注，他的精神状态也振作了起来。数年的兵祸造成了人们心理上的普遍危机状态，里尔克创作上的滞涩很大程度上也是这个原因造成。此时，各民族之间的残杀终于有了尽头，一切都向着春天前进，里尔克内心的希望之火被点燃，他觉得自己终于可以摆脱困境了。

几乎每一个晚上，慕尼黑各家啤酒厂的大厅里都有集会举行，参与者众多，气氛热烈，激荡人心。每走几步，就能看见一个演讲者在那里口若悬河。随着参与集会的人数越来越多，有时啤酒厂的大厅不够用，人们便聚集在露天广场上。

有一天晚上，在瓦格纳旅馆的大厅里举行了一场集会，在场的有大学生，有退役士兵，有工人，人们肩挨着肩地围坐在啤酒桌边，密密麻麻的，几乎没剩下立足之地。女服务员如果想送什么吃的或者喝的，只能侧着身子慢慢挤过去。里尔克也在集会的人群里，大厅里污浊的空气并没有使他感到难受，相反，他觉得心情舒畅，一点也不憋闷。

社会环境从来没有像现在这样饱含着时代的紧张，与会的人们一张张朴实的面孔，里尔克感到了他们的开放性和大众化，此刻的慕尼黑也不再是一潭死水。会场的主席台上坐的都是社会名流，其中有两个非常知名的人物，一位是从海德尔堡赶来的国民经济学家、演讲家玛科斯·威伯，另一位是历史学家、和平主义者鲁德维西·柯费德。

先是由威伯做了演讲，随后开始的讨论充满了无政府主义的气息，每一个人都在认真地倾听着，没有谁会注意别的事情，因为长久的压抑此刻终于可以一吐为快，人们可以放心大胆地谈论想说的事情了。台下的人也可以到台上去发言，里尔克注意到，去台上发言的人只要把话说得通俗易懂，即使没什么新鲜的说法，也会赢得人们雷鸣般的掌声。

一个看似营养不良的年轻工人走了上去，他说道："停战的提议应该由我们发出，而不是由那些高高在上的大人物们。如果我们控制了一个电台，我们这些小人物就可以和对方的小人物沟通交流，和平就能轻而易举地实现。"里尔克在心里默默地重复着年轻工人的简单而又有力的话，感到了由衷的钦佩，他觉得如果自己上台讲几句，也没有这位年轻工人说得更好。

年轻工人似乎是因为心情激动，停顿了一下。随后，他打了一个手势，指着威伯和柯费德等在台上的知识分子精英们说道："台上的教授先生们会帮助我们的，他们懂得法语，我们想说的一切都可以由他们正确地传达出去。"里尔克在给妻子克拉拉的信中描述了这一切，他说那样的情景真是美妙极了，压抑已久的百姓们终于可以自由地发言了。

但是，诗人的理念是不同于常人的，没过多久，里尔克就觉得眼前发生的一切是不真实的，他收回自己的注意力，回到了内心，回到了诗人的世界里。在这一阶段他寄给友人的信中，里尔克产生了离开慕尼黑的愿望，他觉得自己住在那里犹如束手待毙，但是因为还没有计划好去哪里，所以只能再挨过一段时光。

自1918年初夏以后，里尔克一直住在慕尼黑埃尼米勒大街的一处房子里，当然，以诗人一贯的作风，其间也曾短暂地去了别的居所。当年7月，因为与女作家克妮希的友谊，里尔克去波克尔庄园小住，一直住到10月份。紧接着，里尔克去了首都柏林，一直住到圣诞节前后，随后，他返回慕尼黑埃尼米勒大街的住所。

1919年1月，里尔克写信给莎乐美，信中写道："我们看见更加明亮的月光，或许就可以看到更加纯净的太阳。也许正是因为依赖于它一直转过去的一面，其背后广袤无垠的生命空间才得以和我们联系起来。"在信中，里尔克除了大谈特谈文学方面的感想，他还希望莎乐美能来慕尼黑，陪他度过这个冬天。

莎乐美如约前来了，再次见面，里尔克的形象让莎乐美感到了些许惊讶。里尔克的脸部特征看起来似乎和以前不大一样，虽然可以看得出随着年龄的增长面部皮肤的变化，但是多少年岁月的阅历，几乎没在他脸上留下任何痕迹。仿佛有什么东西刺到脸上，感到了疼痛一样，里尔克的双眼惊恐地张大着，比以前见到的还要大，似乎在向面前的人询问：他是不是受到了什么伤害？

尽管这样，莎乐美还是陪他度过了冬天、春天、初夏，这也是里尔克在德国度过的最后一年，此时距离他的生命终点，还剩下几年的光景。对于里尔克而言，这段由莎乐美陪伴度过的时光仍然是充满希望的，在这些美好的时刻里，莎乐美感觉到，里尔克内心里孕育着的尚未出世的作品将会很快问世。

里尔克接到了邀请，瑞士的一个读书会决定于1919年10月末在苏黎世举办晚会，他们向里尔克发出了请柬。前面说过，里尔克一直盘算着离开慕尼黑，这回终于可以成行了。在当年6月，里尔克就迫不及待地出发了，没有人会想到里尔克此后就在瑞士定居了，甚至里尔克本人此时也没有定居的打算，他还和莎乐美约定，参加完活动，他希望在德国和莎乐美再次相见。

妻子克拉拉也赶了过来，还有几个朋友，一行人站在站台上为里尔克送行。在火车开动前的几分钟里，里尔克还在和莎乐美说着两个人的约定。送行的朋友们大声说笑着，火车缓缓地开动了，莎乐美感到了一阵忧伤。早年，里尔克在巴黎时给她的信里有一句话，"当美丽的时光逝去，我就要离开了，就如同一只动物一样。"此刻，这句话又浮现在莎乐美的脑海里，她甚至感觉到了生死别离般的沉重。

2. 漫游与隐居

到达瑞士之后，里尔克首先去了瑞士的首都伯尔尼。因为读书会的晚会要10月份才举行，所以里尔克有绝对充足的时间好好漫游一下。伯尔尼位于瑞士的中西部地区，莱茵河的一条支流阿勒河将该城分为两半，河的西岸为老城，河的东岸为新城，阿勒河上有七座大桥连接老城和新城。瑞士以制造钟表闻名于世，所以伯尔尼被称为"表都"，同时，伯尔尼还被称为"熊城"。

传说12世纪末的时候，统治瑞士中东部的查灵根公爵打算在此地修建要塞，在给要塞取名的问题上，查灵根公爵突发奇想，他决定外出打猎，以打到的第一只猎物命名该城。结果，第一只猎物是一头熊，于是以"熊"作为该城的名字。在德语中，"熊"这个词的发音是"拜尔"，此后渐渐演变为"伯尔尼"。

伯尔尼的居民主要以德语作为交流语言，也因为这段很有意思的历史渊源，那里的人们对熊特别偏爱，到处都能见到熊的形象，无论是街道广场的喷泉上，还是数不胜数的古老建筑上，几乎都有熊的雕塑。阿勒河弯道的东岸还建有"熊苑"，饲养供人观赏的熊，人们闲暇的时候会经常来这里看熊，一年之中要数复活节的时候人数最多。如果有小熊崽诞生，人们会奔走相告，无比兴奋。如果有哪只熊死了，人们会难过好几天。

一切的所见所闻都让里尔克感到前所未有的新鲜，他还听到了这样一句打趣的话，"千万不要在星期五对伯尔尼人讲笑话，否则的话，他们会在星期天做弥撒的时候忍不住笑出声来。"这是伯尔尼地区以外的瑞士人善意的玩笑，借以表明在他们的眼中，伯尔尼人是十分的慢性子和谨小慎微。

此后，里尔克前往尼翁，这是瑞士西部的一座城市，坐落在日内瓦湖的湖畔。尼翁以烧制古典韵味的小花纹瓷器而闻名，被誉为"陶瓷之都"。与伯尔尼的人们不同的是，尼翁的居民主要说法语。在这里，如同以往一样，里尔克又遇到了有贵族头衔的崇拜者，一位伯爵夫人邀请他到大别墅居住，衣食住行各方面都给予了殷勤的招待。

7月末的时候，里尔克来到索里奥，这里位于布雷加里亚山谷，里尔克刚刚凝视过日内瓦湖的柔波，现在又可以谛听布雷加里亚群山的寂静了。一座古老家族的宫殿接纳了他，里尔克在这个临时住所一直住到9月底。10月份，他参加完读书会举办的晚会后，便开始进行巡回演讲，这是里尔克计划了很久的事情。

里尔克从苏黎世出发，先是到了斯泰纳查谷地的圣加仑，紧接着是罗伊斯河出口与四州湖交汇处的卢塞恩，然后是伯尔尼，最后里尔克在11月末到达温特图尔。在那里，他结识了好几个热爱艺术的朋友，其中有一个人名叫汉斯·莱因哈德，日后这位朋友帮了里尔克很大的忙，成为里尔克的主要经济支援者。

离开温特图尔，里尔克来到洛迦诺短暂居住。洛迦诺位于瑞士南部，却是一座意大利风味十足的城市，这里的居民主要讲意大利语和拉丁罗马语，在这座全瑞士海拔最低的美丽城市，里尔克过得十分惬意。与此同时，巴塞尔城的一个显赫的家族布尔克哈特家族得知了里尔克来瑞士旅行的消息，对这位行游诗人非常有好感。

当年的圣诞节之夜，里尔克收到了布尔克哈特家族的来信，邀请他去巴塞尔做客，里尔克愉悦地接受了邀请。在布尔克哈特家族的庄园里，里尔克居住了4个月，虽然物质生活上没有什么可忧虑的，但是在内心里，里尔克还是有一种不安的情绪。到了1920年初夏，里尔克短暂地离开瑞士，前往威尼斯与塔克西丝侯爵夫人会面，停留了一个多月后，里尔克返回瑞士。

里尔克仍然是在瑞士各地周游，到了当年10月份，他再次短暂离开，回到了法国巴黎。里尔克在巴黎只待了6天，没有去见任何一个老朋友，这样的匆匆忙忙令人感到疑惑不解，据莎乐美的说法，里尔克的6天巴黎之行只是为了重温那些难以忘怀的印象。秋叶落满大地，冬天即将到来，里尔克返回瑞士发现自己的过冬住所还没有着落，正打算再次离开，那些好客的瑞士朋友伸出援手了。

莱因哈德的表妹福咖特夫人为里尔克在苏黎世的伊舍尔安排了一个理想的住处，名叫贝格城堡。在当年12月末给莎乐美的信中，里尔克这样写道："这座贝格城堡又旧又小，不过对我而言，这真是一个冬天隐居的绝好去处。这里本来就交通闭塞，远离世人。为了防止口蹄疫的传播，层层的关卡设置起来，使得这里越发与世隔绝，甚至有好几个星期，我都不走出自己的花园。但是，每一条限制却增强了我自身的安全感。"

在贝格城堡，里尔克过了半年的孤独生活，只有一个与他一样沉默寡言的女管家照料他的饮食起居。贝格城堡像是关押里尔克的禁闭室，但是里尔克对朋友的这份礼物却十分欣喜，因为就是在这半年时间里，里尔克明显地感觉到自己的创作力正在逐渐复苏。这段时期，他写出了数量惊人的草稿和残篇，还有给朋友写的书信，一贯延续了里尔克的思想与情谊交相辉映的风格。

住进贝格城堡的头一个月里，里尔克创作了一系列的诗歌，对于这些诗歌，后世的研究者们尤为注意，因为里尔克不止一次地强调，这些诗歌严格说来不能说是自己的作品，而是一个幽灵一样的人读给他听的。在里尔克与出版商基朋贝格的通信中，他描述了这样一个故事，情节充满了神秘主义氛围。

一天晚上，里尔克换好了睡衣，闲卧在床上冥想，不知不觉间，里尔克随口念出一连串的诗句来。正在自我陶醉的时候，他猛然间吃了一惊，自问道："是我写的这些动人的诗句吗？"里尔克让自己放松了一下，随即披了外套，来到壁炉边坐下。他低头想了一会儿，仍想不出所以然来。

蓦然间，耳边传来一个人读诗的声音，里尔克抬头看时，发现一位古代装束的学者正端坐在对面的椅子上，手里拿着纸张变得发黄的手稿，一句一句地读着，其中就有里尔克冥想时念出的那几句。于是，里尔克拿来纸笔，将听到的诗句都记了下来。这就是里尔克在信中讲的故事，我们不知道基朋贝格是不是相信这个故事，但是大多数读者或许会认为，里尔克因为精神过于集中，出现了幻听幻视的短暂症状。

这期间比较完整的组诗当属《伯爵的遗作》，当然，用里尔克自己的说法，这也是那位神秘的陌生人奉送给他的。《伯爵的遗作》本来包括10首诗，过了几个月，里尔克又在其原来的基础上增补了很多首。在给塔克西丝侯爵夫人的信中，里尔克没有故弄玄虚，他说自己的这本诗集是在一种亢奋的状态中完成的，而且，诗集被假托是在城堡的一个旧书橱里发现的。

　　不过，里尔克对玄妙的灵魂论和与鬼神对话充满了兴趣，这是事实。当时有一个名叫"心灵探索协会"的组织，塔克西丝侯爵夫人是这个组织的会员，据侯爵夫人讲，里尔克曾经多次参加关于灵魂的讨论会，还尝试着用一种特殊的器具与不知名的魂灵进行思想沟通。当然，这只能说是里尔克的个人兴趣，源于他的异乎寻常的感受性，以及他的空间概念。

　　保尔·瓦雷里，生于1871年，卒于1945年，法国象征派文学大师，法兰西学院院士。瓦雷里的诗富于哲理，以内心的真实为追求，同时注意形式上的完美，《海滨墓园》是他的代表作，他本人被誉为20世纪法国最伟大的诗人。1921年春天的时候，蜗居在贝格城堡的里尔克花费大量精力研究法国文学，就这样，瓦雷里进入了他的视线，这也为里尔克本人带来了很大的收益。

　　瓦雷里的诗虽然在题材范围上有些狭窄，但是从艺术的角度来说，堪称珠玉晶莹的神品。《海滨墓园》是瓦雷里在1920年发表的代表作，该诗开篇的"这片平静的屋顶上有白鸽荡漾"成为脍炙人口的名句。很快，里尔克就对瓦雷里佩服得五体投地，不过，此时的里尔克本人也是一位诗歌大师了，不然的话，瓦雷里很有可能像当年的雅可布森一样成为里尔克创作上的导师。

　　在无比赞赏的情绪的驱使下，里尔克决定将《海滨墓园》翻译成德语，瓦雷里高雅卓越的文字重新激发出里尔克的灵感，不仅对里尔克本人是一种拯救，也为《杜伊诺哀歌》和《致奥尔普斯十四行诗》的最终完成起到了催化剂的作用。里尔克自己回忆道："那时候的我仍然一无所有，我等待着，全部的工作也在等待着，直到我读了瓦雷里的诗歌，它让我恍然大悟，我的等待马上就要到终点了。"

在此之后，里尔克还翻译了十多首瓦雷里的诗歌，在里尔克自己看来，这些东西是他翻译生涯里面最成功的作品。同样都是艺术家，里尔克感觉自己与瓦雷里心有灵犀，更重要的是，瓦雷里的诗歌里面有一些东西让里尔克回忆起那漫长的无声年代。在给莎乐美的信中，里尔克写道："瓦雷里在最初出版了几本集子后，默默无闻长达25年之久，一直从事着教育工作，1919年，他重返诗坛之后写的诗都弥漫着深沉的悠闲气息。"

里尔克的译作堪称佳品，对此感到惊叹的不仅有德国文坛的人们，连瓦雷里本人也向里尔克表达谢意，唯一遗憾的是瓦雷里不懂德语，所以里尔克的译作到底好到什么程度，瓦雷里只能根据评论者的说辞得到印证。1924年初春，瓦雷里前往慕佐城堡看望里尔克，为了纪念两位大师会面这一不同寻常的事件，里尔克特意在居所的花园里手植了一棵椰树，表达自己的喜悦。

1926年秋天，那时距离里尔克的生命终点只剩下几个月了，两位大师最后一次会面，地点是日内瓦湖畔。在瓦雷里的一个朋友的花园里，里尔克和瓦雷里欣赏着美丽的秋景，踩着满地缤纷的落叶，一边闲聊，一边散步。几个小时后，他们互相告别，从此以后便是天人相隔了。20世纪20年代的这段逸事，成为思想史和文学史上的一段佳话。

让我们把视线拉回1921年，在这一年的5月，贝格城堡的主人将房子租给了一位常年居住的房客，所以里尔克不得不寻找新的住处。在日内瓦湖畔，里尔克找到了一个栖身之所，房子坐落在盛开的玫瑰花丛中，色彩艳丽得仿佛要流溢出来。碰巧的是，里尔克的红颜知己塔克西丝侯爵夫人也在附近停留，两个人见面了。

侯爵夫人虽然年岁已大，但是头脑还是非常的清晰，她给了里尔克很多的建议，事后证明，这些建议是极其明智的。比如，《杜伊诺哀歌》还没有最后完成，但里尔克向侯爵夫人说自己现在就想发表这些东西，侯爵夫人不支持他这样做，并极力说服他放弃躁动的想法，一切等待作品全部完成再说。

另外，在塔克西丝侯爵夫人的关怀下，里尔克的许多被压抑的情感开始复苏了，随后，侯爵夫人向里尔克告别。里尔克情感的复苏在某种程度上拉近了他与另外一位女性的距离，她是一位画家，名叫梅莉娜·克罗索芙丝卡。梅莉娜早年也是四海为家，多年以后，她独自带着两个孩子来到瑞士日内瓦定居。

里尔克和梅莉娜在当年的1月份就有了很频繁的交往，梅莉娜经常请里尔克帮忙，而且每次请求帮忙的口吻都像是有十万火急的事情。那时里尔克还住在贝格城堡，所以，在寒冷的冬季里，里尔克不得不屡次前往日内瓦。有意思的是，梅莉娜在与里尔克的交往中流露出了引诱和调情的味道，这让独居了很久的里尔克心惊肉跳。

几乎一直以来，里尔克就把艺术和生活看成不可调和的矛盾，他经常在这两者中间左右摇摆。梅莉娜的主动示好使得里尔克陷入了颓废和绝望之中，他开始重新思考艺术与生活的关系，当他把这些苦恼向塔克西丝侯爵夫人诉说时，一向冷静沉稳的侯爵夫人对他说道，他这样绞尽脑汁的琢磨只是自寻烦恼，是完全没有必要的。

里尔克从侯爵夫人那里获得了一些勇气，于是和梅莉娜做了男女朋友，这是一种含有感情成分的性爱关系。6月末的时候，里尔克和梅莉娜结伴去瓦莱游玩，在旅途之中，他们来到了一个名叫慕佐的山间小镇，里尔克一下子就爱上了这里。曾经帮助里尔克租下贝格城堡的莱因哈德再次出手，出钱租下了一座古老坚固的小城堡塔楼，这就是里尔克最后的定居之所慕佐城堡。

3. 慕佐城堡

第一次见到这个风景如画的小楼，里尔克就本能地感觉到，这里是一个既长久又可靠的避风港，他的全部的事业会在这里画上最终的句号。当然，这真是要感谢古道热肠的莱因哈德，他对里尔克的帮助真可以说是帮人帮到底，送佛送到西。小楼的打扫和装饰布置都由梅莉娜来做，当年7月下旬，里尔克离开日内瓦湖畔的玫瑰小屋，搬进了慕佐城堡。

慕佐城堡是中世纪时期小城堡建筑的代表性遗迹，里尔克住进去的时候，发现屋子里竟然还留有一张三百多年历史的橡木桌，岁月在这里积淀了太多的东西。里尔克尽一切可能，通过各种途径追寻慕佐城堡的悠久历史。它的建造者是一个名叫布罗内的人，建成之后的一百多年间，属于当地富户的产业。

公元1514年，慕佐城堡迎来了一对新人，新郎蒙泰斯，新娘伊莎贝拉，在这里举行了3天时间的结婚庆典。通过保存下来的来宾留名簿，可以知道参加婚礼的所有宾客的名字。新婚刚刚一年，即1515年，法国国王弗朗索瓦一世率兵攻占米兰，随后，米兰公爵统领由瑞士人组成的同盟军，在米兰附近的马里尼昂与法军决战，同盟军失败，蒙泰斯在这场战役中阵亡。

蒙泰斯的遗体被送回慕佐，妻子伊莎贝拉主持了葬礼。亡夫的新坟刚刚封顶，就有两个男人同时对伊莎贝拉展开了疯狂的追求，最后，这两个人已经势同水火，便相约决斗，结果在决斗中双双殒命。丧夫之痛还没有消退，又有两个人因自己而死，甚至还没来得及在他们之中做一个选择。经历了这两次打击，伊莎贝拉的精神状况出了问题。

抑郁的寡居生活里，只有一个名叫芙苏勒的老保姆守护着伊莎贝拉，对她关怀备至，希望她能重新好起来。每到晚上，伊莎贝拉常常躲开芙苏勒，利用夜色的掩护悄悄地溜出去，前往米埃耶墓地，那两个因决斗而死的人就埋在那里。故事到底以悲剧收场，一个冬夜，伊莎贝拉再次去墓地，等到人们发现她时，她已经冻死了。

这个凄美的故事被里尔克写在书信里，7月末的时候，塔克西丝侯爵夫人收到了这封信。在信中，里尔克还提到他觉得蒙泰斯和伊莎贝拉的魂灵可能会回到他们的旧居来，不过这并不是让里尔克害怕的，他只是对侯爵夫人说自己要做好一切充足的思想准备。依照里尔克的"唯灵论"观念，他或许更盼望能与伊莎贝拉对话一番。

慕佐地区的气候是令人惊讶的，强烈的阳光对于里尔克简直就是折磨，在给莎乐美的信中，里尔克写道："这里的太阳只是为了给葡萄园以充足的照射，这似乎是太阳的任务。葡萄园刚好适合这样的热量，但同时，人和其他植物也不得不受这样的烘烤。"

第一次世界大战后，奥匈帝国解体。1918年10月28日，捷克斯洛伐克共和国成立，因为政治局势的影响，里尔克想回故土布拉格看一看的愿望泡汤了。女儿露特已经长大成人，没过多久举行了婚礼，里尔克原本打算去德国参加女儿的婚礼，因为客观原因没能成行。里尔克的外孙女克里斯蒂出生后，他自始至终也没能见上一面。等到第二个外孙女约瑟菲雅降生时，里尔克已经辞世好几个月了。

晚年的他越来越像一位孤独的大师了，在搬进慕佐城堡后的头几个月里，里尔克几乎很少出门，他聚精会神地等待着巅峰时刻的到来。然而，内心还是被困扰所萦绕，有时他信心满满，有时又会变得坐立不安，这一切表明，伟大作品的最后分娩还需要等待一些时日。眼下的问题是需要把日常生活安排妥当，到哪里去找一位适合的女管家呢？

为此，里尔克忙碌了不少日子，功夫不负有心人，他终于雇到了一个来自索洛图恩州的姑娘，名字叫费丽达·鲍姆佳特尔，只有26岁。索洛图恩州位于瑞士的西北部，州里的居民主要说德语，所以，里尔克和这个新任女管家交流起来非常的方便。起初，费丽达因为没有经验，家务方面料理得不是很好，时间久了，她变成了一个可以说几乎无可指责的女管家。

虽然雇人来帮忙，但这并不意味着里尔克的经济状况有所好转，生活费还是要依赖于朋友的善意帮助。在这一年里，对里尔克援助最多的是南妮·封德尔莉，要不是这位好朋友的慷慨，里尔克的口袋恐怕早就空着了。在给友人的信中，里尔克写道："我可敬的朋友，无法统计的帮助贯穿了我的一生，我真是很惭愧。"

战争虽然结束好几年了，但对于里尔克来说，战争似乎一直在延续，那时的经历变成了回忆，而这许多年里，里尔克都尽可能地把回忆藏起来，他一直不敢去触摸。对于那些让里尔克感到压抑的印象，他只好借助于"心灵永存"才能小心翼翼地靠近，然后自己的感觉能力便在挣扎之中前行，这样的事实让里尔克自己也深感震惊。

在移居瑞士之前，里尔克在信里向莎乐美诉说，"面对着外面的轻风、树木还有夜晚的星空，我从没有像现在这样无动于衷。自从我被迫穿上令人厌恶的步兵军装，我所观察的一切就与我产生了很深的隔膜。那时候，为了不把事情弄得更糟，我只好对它们采取一种无所谓的态度。"

即使在迁居瑞士之后，这样的情况依然干扰着里尔克的工作，1921年12月底，在给莎乐美的信中有这样的句子，"几年的战争给我的精力集中造成了难以想象的障碍，现在，这样的困难依然存在。"到了1922年1月，里尔克一直在拆除战争在他四周建立起来的围墙，一块砖一块砖地拆着，兴奋而又小心翼翼，或许他自己也不知道要拆多久，但是，豁然开朗的日子马上就要到了，巅峰之作即将完工。

仅仅过了没几天，围墙全部拆除完毕，《杜伊诺哀歌》的余下部分和《致奥尔普斯的十四行诗》凝结在一起，达到了瞬间燃烧的地步。犹如黄钟大吕终于铸造完毕，敲响了悲壮浑厚的雄音。亲手完成这一切的里尔克仿佛傲立于狂风中，迎风长啸，呼唤着希望发生和正在发生的一切。

2月2日起，里尔克用了4天时间，写完了25首十四行诗，这就是《致奥尔普斯的十四行诗》的第一部分。2月7日，《杜伊诺哀歌》

的第七首写出了草稿，随后，只隔了几个小时的时间，第八首诞生。2月9日，第6首哀歌的草稿完成。2月11日，第十首哀歌完成。里尔克给莎乐美写了一封长信，兴奋而充满激情地叙述整个创作过程，原文如下。

露，亲爱的露，2月11日，星期六的6点钟，《杜伊诺哀歌》的第十首哀歌写完了，我把笔放在了纸上。任记忆驰骋吧！天知道我克服了多少艰难。几天之后，我会得到奇迹一样的恩宠和回报。曾经一场飓风袭来……它在我身体里引发了革命，一切纤细的组成都爆裂弯曲……

还有另外一件事值得回想，你还记得那匹马吗，那匹钉着铁掌的白色的马，在黄昏的伏尔加草原上，向我们的方向迅捷地跑来，那是一匹自由而幸福的马……时间到底是什么东西？现在又怎么确定？许多年来，在我敞开的心田上，它就那样幸福地奔跑着。如今我又一次体会到，我心灵的一部分就是《杜伊诺哀歌》。

一切都存在着，不容置疑。并不壮观的慕佐城堡，每当我走出门，总要抚摸它的沧桑。它给了我保护，使我得到了最终的满足。在我抚摸的手下，它就像是一只年迈而体型硕大的动物……我现在依然保持了良好的写作状态，在我的心情极其微妙的时刻，我又写了一首哀歌，《杂耍艺人》就这样呱呱坠地了。

到现在，这组哀歌才算形成规模了。对于这首最后创作的哀歌，我并不打算把它列为第十一首，而是放在《英雄的哀歌》的前面，排序上是作为第五首。原来的第五首诗虽然我很满意，但是从整体重新审视它的话，显然是与整体不协调的。

所以，我决定用《杂耍艺人》取代它。

那首被替换下来的诗，我把它编进了《残篇》中。《残篇》作为《杜伊诺哀歌》的第二部分，在我创作《杜伊诺哀歌》之前，就有很多酝酿中的零散的片段，还有在创作过程里删掉的那些部分，这些东西汇集成了《残篇》，这样做能够显露出组诗创作过程的断层……但是，我还不能搁笔。

《杜伊诺哀歌》既然已经呈现于纸上，《致奥尔普斯的十四行诗》又开始了……我会把我认为最好的几首诗誊抄一下，寄给你看……这些天里，气候还算温暖……

以上就是里尔克写给莎乐美长信的主要内容，我们可以从中体味《杜伊诺哀歌》的整个创作历程和里尔克本人的心路历程，还有一个很有意思的细节，就是在信的结尾处，里尔克的落款是"你的老莱纳"。

第九章 让玫瑰每年为他盛开

1. 疗养院的常客

  《杜伊诺哀歌》的历程长达10年，1912年，在亚得里亚海滨的杜伊诺宫，里尔克仿佛听到了神的指示一样开始动笔，1922年终于在瑞士的慕佐城堡完成了全部的10首哀歌，平均算起来，每一首用一年的时间，即使在整个世界诗歌史上，这样的记录也应该是空前的。《杜伊诺哀歌》与《致奥尔普斯的十四行诗》一起构成了里尔克的思想结晶，动人地呈现出现代社会里个体对生存意义的困惑。

  除了给莎乐美写信，里尔克还写信给塔克西丝侯爵夫人和出版商基朋贝格，分享自己的成功喜悦，不过，信的内容几乎是一样的。2月15日，里尔克写信给南妮·封德尔莉，除了表达喜悦之情，里尔克还夸奖女管家费丽达把家务料理得井井有条，在信中，里尔克称费丽达为"小精灵"。

  奥尔普斯的主题继续延伸，截止到2月23日，里尔克又写出了29首十四行诗，这就是《致奥尔普斯的十四行诗》的第二部分，与第一部分相比，第二部分的29首诗同样完美，是珠玑之作。

  里尔克的这两部代表诗集都附有文辞十分简练的献词，《杜伊诺哀歌》的献词是"写于玛丽·封·图尔恩·翁·塔克西丝—霍恩罗尔侯爵夫人的庇护下"，《致奥尔普斯的十四行诗》的题词是"谨以此作为薇拉·奥乌卡玛·科努普的墓碑"。

早在里尔克旅居慕尼黑时期，他的朋友格哈德有一个女儿薇拉，就是题词里提到的那个姑娘。薇拉生于1900年，长得十分俊俏，童年时候，薇拉开始练习跳舞，所有看过她跳舞的人都啧啧称赞。没过多久，薇拉的身体变得臃肿起来，脚步也不再像以前那样轻快了，薇拉的母亲说，薇拉不能再跳舞了。

实际上，薇拉患了一种慢性病，这种病缓慢而又不可挽回地将她推向死亡的深渊。在薇拉生命的最后时光里，因为不能跳舞，她便弹琴打发时间，后来，连弹琴也很吃力，只能画画了。1919年，这个正处于美好年华的姑娘去世了。

里尔克虽然只见过薇拉几次，但是，他既然能把薇拉的名字写进题词，就说明这个姑娘给他留下了难以磨灭的印象，又或许是一些极其微妙而又特殊的爱慕之情。薇拉过世后，里尔克从薇拉的母亲那里要来了她的病历，从1922年初开始，里尔克对这些病历进行了研究，他在这个逝去的少女身上发现了《致奥尔普斯的十四行诗》的主题。

1922年5月，那位帮了大忙的朋友莱因哈德再次出手，把慕佐小城堡买了下来，送给里尔克。里尔克从租客变成了房子的主人，此时，里尔克已经完成了他一生中最重要的工作，余下的时光是比较平静的，更何况，慕佐城堡地处荒凉偏僻，仿佛一个苦行僧的世外修行之地。里尔克的住所备有一个来客留言簿，许多来拜访里尔克的朋友在留言簿上留下了自己的名字和赠言。

6月份，塔克西丝侯爵夫人来拜访。7月份，出版商基朋贝格夫妇来拜访。至于其他相对交往淡薄一些的朋友，更是来了好多。他们发现了一个共同点，里尔克过得极其优雅闲适，有一种"采菊东篱下，悠然见南山"的意味。每次和朋友会餐完毕，里尔克就向他们朗诵自己的得意之作。

塔克西丝侯爵夫人来的时候，她发现里尔克仿佛变了一个人一样，似乎获得了新的生命力。里尔克读着《致奥尔普斯的十四行诗》，神采飞扬，一直沉浸在诗歌带给他的幸福之中。侯爵夫人被深刻的感染力所打动，心跳加速，流下了激动的泪水。在所有的听众看来，全世界只有里尔克才能读得这么好。

读完了，里尔克凝望着塔克西丝侯爵夫人，一句话也不说，仿佛胸中的潮水还在激荡。侯爵夫人也激动得说不出话来，里尔克做了一个令人惊讶的举动，他弯下身子亲吻侯爵夫人垂在膝上的双手。侯爵夫人如同一位母亲，亲吻着里尔克的额头，她为他的成功感到由衷地欣慰。

可能在外人看来，两个人的举动有些过于多愁善感，但是从里尔克的一生来看，这是很自然而然的事情。从莎乐美到塔克西丝侯爵夫人，里尔克从比他大很多的女性那里得到了类似于母爱的关怀，可以说，这样的情怀对里尔克在事业上的成就起到了不可或缺的作用，同时也是他心灵的港湾。

慕佐城堡为《杜伊诺哀歌》和《致奥尔普斯的十四行诗》的完成提供了避风港，现在，这个荒凉的小塔楼越来越让里尔克觉得自己是在与世隔绝，在1923年初写给莎乐美和封德尔莉的信中，里尔克说慕佐城堡是一座适合孤独地工作的住所，一旦任务完成，它就变得像一个关押犯人的囚室。里尔克迫切地希望能够呼吸新鲜的自由空气，他那颗压抑了很久的心将再次走上旅行的路。

1923年的夏秋两季，里尔克都在瑞士境内漫游，但是到了年末，里尔克的健康情况变得糟糕，在给莎乐美的信中，里尔克称自己的身体各部分状态都开始回落。但同时，里尔克也表示了乐观心态。随后，他前往蒙特罗斯的瓦尔芒疗养院休养，看护医生是海默里。从这时起，里尔克变成了疗养院里的常客。他在那里一直住到1924年的一月末，然后回到慕佐城堡，又继续工作了起来。

夏季很快又来到了，这期间，里尔克和南妮·封德尔莉一起去各地观光。在圣加伦州的拉佳茨疗养地，里尔克和塔克西丝侯爵夫人盘桓了几个星期，那里的天然浴场含有微量放射性物质，对里尔克的康复治疗有一定的辅助效果。1924年11月，里尔克再次到了瓦尔芒疗养院，住到1925年初。

海默里医生建议他，为了长久的治疗效果来看，他最好彻底改换一下生活环境，里尔克觉得有道理，刚走出疗养院，就直接去了巴黎。刚到达那里，里尔克就被热情地包围了，每天都有崇拜者登门拜访，知名的文艺人士想和他叙叙旧，名门望族的夫人们不停地打电话邀请他到府邸做客。

前面已经说过，在1914年，里尔克和莎乐美在哥廷根相聚时，战争爆发了，里尔克没法回到巴黎，他留在巴黎的东西也无法取回，其中有两箱很贵重的私人物品。在这10年里，多亏了安德烈·纪德，他把这两个箱子存放在了一家出版社的地下室里，如今，东西终于完好无损地回到主人手里。

细心的读者应该记得，里尔克在搬进慕佐城堡之前，结识了一位名叫梅莉娜的女画家，两个人是一种情爱关系，慕佐城堡的居所也是梅莉娜帮里尔克整理装饰的。现在，梅莉娜从日内瓦迁居到了巴黎，里尔克与她的交往又密切了起来，有一种重新坠入温柔乡的感觉。

另外，有一位二十几岁的诗人莫利斯正在将《马尔特手记》译为法语，每天下午，里尔克都会和这个小伙子在一起，在翻译过程里对他提供建议和帮助。这个工作犹如一个不断发现金矿的过程，每当莫利斯发出惊讶的赞叹声时，坐在一边的里尔克也会非常享受。

世界文学大师传记丛书

巴黎和从前的那个时期一样，依然是具有高强度的生存竞争的地方，里尔克和那时的习惯完全不一样，如今的他像一轮明月，被四周的群星环绕着，他以理所当然的心态接受着这样的荣耀。从内心来说，里尔克一方面沉湎于对往事的追忆之中，一方面又感到了迷茫，他发现，所有的人都和自己一样不安躁动，匆匆忙忙地接触，又很快地被淡忘，似乎永远也摆脱不了忙忙碌碌。

最后，最亲密的朋友也会使里尔克感到疲劳，友谊在此时变成了一种负担，一项令里尔克感到头疼的累活，频繁的社交让他觉得厌烦。其间，里尔克好几次打算离开，由于各种原因一再推迟，到了8月中旬，在没有通知朋友的情况下，里尔克带着梅莉娜悄悄地离开了，他们去了法国中部的勃艮第。

勃艮第在汝拉山脉和巴黎盆地东南端之间，是莱茵河、塞纳河、卢瓦尔河和罗讷河四条大河的通道地区，其首府是第戎。里尔克和梅莉娜在第戎住了两天，随后辗转去了米兰。两个人告别后，里尔克独自回到慕佐城堡。

在给莎乐美的信中，里尔克写道："我并没有取得什么胜利，也没有感到自己轻松起来……巴黎变得更加强烈，更加有力量。一种长久的挫败滋生了一种痛苦。在巴黎，我待到8月份的时候，因为羞愧，我回到了自己的小城堡。"

生命结束前的时光里，里尔克创作了数量可观的法文诗，汇合成了许多集子，例如《玫瑰》《窗子》《树枝》等等。这些诗主要的题材是风景和描摹氛围的，都是只有两三节的短诗，虽然不像里尔克的德语诗歌那样气势恢宏，缠绵悱恻，但同样体现出了里尔克几十年积淀的功力和语言的微妙精致。

刚一回到慕佐，里尔克就因为身体状况不佳往前往拉佳茨休养，不过没有很好的效果。回到他的小塔楼后，他愈加觉得力不从心，隐隐约约地感觉医生的诊断只是浮于表面，可能实际病情要严重得多。里尔克打算再次去瓦尔芒疗养院，但是主治医生还在外地，要等一段时间，慕佐城堡笼罩在一种凄苦的氛围里，这让里尔克十分不安。

10月31日，在给莎乐美的信中，里尔克写道："《杜伊诺哀歌》完成之后，我收到了你的信。如果有一天我的病情出现反弹，健康情况恶化，那也是意料之中的。我记得在给你的回信中，我把自己写得很勇敢。但是现在，我真的感到吃惊，尤其是近两年来，我一直生活在恐惧之中。"

在莎乐美看来，里尔克的恐惧集结在一起，变得更加强烈，更加具体。她给里尔克写了回信，但这封信充满了她的不知所措，里尔克的身体状况和精神状态到底处在一个什么边缘，莎乐美仿佛已经一清二楚，像是面对着洪水决堤一般，她希望自己能起到点什么作用，但她发现，自己完全不知道该怎么办，最后，她再也没有勇气给里尔克写信了。

从童年起就做的那个怪梦也偶尔跳出来，折磨里尔克衰弱的神经。对自身疾病的恐惧变成了对死亡的恐惧,这样的恐惧紧紧地包围着他,越来越压迫他的剩余不多的思考空间。他觉得自己像是一枝被折断的树枝,失去了汲取营养的母体,开始日复一日地枯萎下去。到了12月份,里尔克给塔克西丝侯爵夫人去信,称自己即将去瓦尔芒疗养院接受治疗,在信中,他调侃道疗养院已经变成了慕佐城堡的附属建筑。

2. 柏拉图式的恋爱

里尔克的生日是12月4日,这一年他正好50岁,画家列昂尼德·奥西波维奇·帕斯捷尔纳克得知里尔克过生日的消息,向他发出了一封贺信。早在里尔克与莎乐美第一次俄国之行的时候,他们就认识了列昂尼德,不过,在那之后,里尔克与列昂尼德很长时间都没有联系。因为此前有传言,说里尔克已经过世了,列昂尼德还以为消息是真的,现在得知里尔克好好地生活着,便借其生日之际表达问候。

在贺信中,列昂尼德提到自己的儿子鲍里斯·列奥尼多维奇·帕斯捷尔纳克已经是俄罗斯文坛很有名气的诗人了,并且他还是里尔克的忠实的崇拜者。里尔克稍后给列昂尼德写了回信,说自己前一段时间读过帕斯捷尔纳克的诗,并且对这个36岁的年轻诗人的才气表示欣赏。

1926年初春,列昂尼德收到了这封信,他把里尔克的赞赏之语告诉了儿子，帕斯捷尔纳克因为得到了偶像人物的肯定，心情激动，他走到窗子旁边，流下了欢喜的泪水。随后，帕斯捷尔纳克给里尔克写了一封信，用了很多狂热的崇拜词语，他还把自己精神上恋爱的女友茨维塔耶娃的地址告诉了里尔克，希望里尔克能送给她几本书。

茨维塔耶娃的全名是茨维塔耶娃·玛琳娜·伊万诺夫娜，1892年10月8日生于莫斯科，父亲茨维塔耶夫在莫斯科大学担任艺术史教授，他也是普希金国家造型艺术馆的创始人之一。母亲梅依恩也是一位出色的女性，她具有波兰和德国血统，音乐天赋非常高，是著名钢琴家鲁宾斯坦的学生。

母亲梅依恩除了让孩子们接受音乐熏陶之外，她还朗读诗歌、讲故事给孩子们听，教导他们不要因为物质的贫困而垂头丧气，要去追寻神圣的美。在母亲的影响下，茨维塔耶娃对诗歌产生了浓厚的兴趣，她6岁就开始学习写作诗歌，18岁就发表了第一本诗集《黄昏的纪念册》，正如她后来自己所说："有这样的一位母亲，我就只能做一件事了，那就是成为一个诗人。"

茨维塔耶娃天性孤傲、刚烈而又容易走极端，很大程度上来说，这样的性格影响了她一生的命运，少女时代的茨维塔耶娃在这方面就已经初露端倪。1906年秋，茨维塔耶娃进入女子寄宿制学校，广泛沉浸于诗歌的滋养，国内的普希金、莱蒙托夫，国外的歌德、海涅等大诗人，这些名家作品的熏染，让茨维塔耶娃的内心里和灵魂深处盛开了终生不会凋落的浪漫主义之花。

在女子寄宿学校学习期间，茨维塔耶娃在一个偶然的场合认识了大学生尼伦德尔，少女的心扉骤然打开，她写了很多情书和情诗，向尼伦德尔表达自己的一见倾心。但是，尼伦德尔对这个比自己小的姑娘十分冷漠，伤心至极的茨维塔耶娃买了一把手枪，去一家上演过她心爱剧作的剧院自杀，扣动扳机时，枪没有打响，旁边的人见状把枪夺了下来，后来才知道是子弹出了问题，真是不幸中的万幸。茨维塔耶娃的性格由此可见一斑。

1912年初，茨维塔耶娃嫁给了一个民粹派人士谢尔盖·艾弗隆，她的第二部诗集《奇妙的路边灯》就是献给新婚丈夫的。这本诗集并没有像《黄昏的纪念册》那样得到一片赞扬之声，这并不意味着茨维塔耶娃的诗歌创作才能下降了，而是当时的文坛现状使然。当时俄罗斯诗歌流派众多，诗人大多隶属于不同的门派，偏袒或者过分赞美本派诗人成了一种不良风气。

茨维塔耶娃虽然与这些流派中的许多人往来密切，但是她从来就不属于任何一个门派，面对同行对《奇妙的路边灯》的冷言冷语，茨维塔耶娃并没有很在意，她用一句很形象的话来解释为什么会产生这样的情况。"如果我属于某个车间，他们就不会冷嘲热讽了，但是我永远都不会加入车间。"这句话还带有反讽意味，加入"车间"的人都变得整齐划一，写出来的作品缺乏艺术个性，看起来索然无味。

茨维塔耶娃认为诗人应该是独立自由的，她本人也不想在创作上受到任何束缚，这样的理念使得茨维塔耶娃在生活和创作上遭受了很多大大小小的阻碍，但对她独特的个人风格的形成确实起到了保护网的作用。茨维塔耶娃自己写道："我的每一行诗是我的日记，我的每一行诗是写给我自己的。"仅就艺术个性方面来说，茨维塔耶娃与莎乐美相比是一点也不逊色的。

1926年，茨维塔耶娃34岁，和自己的家人旅居在巴黎。她早就听过里尔克的大名，只是无缘结识。她与帕斯捷尔纳克是精神上的恋爱，帕斯捷尔纳克称她为自己唯一的天空，所以，他希望自己和茨维塔耶娃能够共同与里尔克这位大师建立联系。

里尔克给茨维塔耶娃寄了书和信，在信中，里尔克这样写道："我想，如果我们能见上一面，会给我们带来难以忘记的欢愉，什么时候把见面的事情落实吧。"可以看得出，里尔克对茨维塔耶娃表现出了极大的好感，而在给帕斯捷尔纳克的回信中，里尔克只是礼貌地写道："唯愿万能的祝福护佑你。"即使这样，帕斯捷尔纳克仍旧把这封复信放在上衣口袋里，当作宝物一样珍视。

茨维塔耶娃就像一座充满激情的火山，里尔克的信将她点燃了，她立即给远在瑞士的大师写回信。"你病了多久了？在慕佐的生活如何？你有自己的家庭吗？在疗养院你还要住多久呢……如果我能够阅读你像你阅读我那样，该有多好啊！你送我的两本书胜过了其他的读物，从窗边到床上，它们都陪伴着我。"面对着茨维塔耶娃浓浓的爱意，里尔克接受了，或许在他看来，这是一个很特别的女人。

里尔克在信里写道："比起你走过的其他道路，你在尘世中的命运更让我感动，我清楚地知道，那一切是怎样的沉重。"最后，里尔克还要求茨维塔耶娃寄一张照片来。帕斯捷尔纳克知道，茨维塔耶娃的感情发生了转移，一下子转到了里尔克那里。他很伤心，在给茨维塔耶娃的信中，他说自己不想再给里尔克写信了。怀着满腹的委屈，帕斯捷尔纳克只好抽出身来，暂时做一个旁观者。

在瓦尔芒疗养院，里尔克一直住到1926年的初夏。没几天，里尔克接到茨维塔耶娃的来信，上面写着："莱纳，我爱你，我想去你那里。"在这一年的暑热季节，里尔克在拉佳茨疗养地度过，塔克西丝侯爵夫人关心他的健康，特意来看望他，这也是两个人的最后一次见面。随后，里尔克来到锡尔，在一家旅馆住下。

174

8月初，茨维塔耶娃的信里这样写道："莱纳，我想去看你……我想和你睡觉，入睡，睡着……单纯地睡觉，再没有别的什么了。不，还有，把头枕在你的左肩上，一只手搂着你的右肩……我要谛听你心脏的跳动，还要亲吻那心脏。"几乎是不间断的，一封封火热的情书被交到已经病痛缠身的里尔克手上。

"莱纳，我们应当在这个冬天见面……秋天也行……或者明年春天。请你回答'好的'，这样我从现在开始就会快乐，我可以期待着凝望某个地方。""莱纳，对于我想要的一切，请你全部给予肯定的回答，相信我吧，不会有令人不安的事情发生。"不过，此时的里尔克关注着另外一个人，就是帕斯捷尔纳克，因为这一年的整个夏天，帕斯捷尔纳克都处于沉默无声的状态。

在给茨维塔耶娃的信中，里尔克写道："因为鲍里斯的沉默，我感到愧疚和悲伤。也可以说，在他通向你的热烈渴望的道路上，是我的出现阻碍了这一切。"茨维塔耶娃马上写信试图打消里尔克的顾虑，她写道："现在他（鲍里斯）已脱离了我，他是自由的。"

在写给帕斯捷尔纳克的信中，茨维塔耶娃这样说："亲爱的，把你那颗充满我的心扔掉吧。不要再自寻烦恼了，好好地生活，不要因你的妻儿而感到羞愧。我放开你，给你绝对的自由。去把握你可以把握的一切吧，趁着现在你还有这样的意愿。"

当年9月份的时候，一个朋友从埃及赶来探望里尔克，欣喜之余，他到花园里采摘玫瑰花送给朋友。不幸的是，里尔克的手指被玫瑰的刺扎伤，这个细小的伤口开始感染，他的病势变得愈加沉重。

对于里尔克的情况，茨维塔耶娃是不甚清楚的，她还在期待着与里尔克的相会。到了10月，茨维塔耶娃带着女儿搬到巴黎附近的贝尔威尔居住，她盼望着里尔克能来法国看她，为此，她还预先做好了种种准备。在信里，她说："还有，在法国南部的什么地方见面可以吗？当然，一切都由你来决定。"

里尔克已经没有多少精力给茨维塔耶娃写回信了，此后的两个多月里，他也没有再给她写信。茨维塔耶娃一直等不到回音，焦急万分，误以为里尔克变了心意。在11月7日，她给里尔克发出了一张明信片，上面只是简单地写着："亲爱的莱纳，你还爱我吗？玛琳娜。"仍旧没有回音，茨维塔耶娃凄然欲绝，没有再写信。

11月末，里尔克不得不拖着病体再次去瓦尔芒疗养院。束手无策的医生们终于确诊了，里尔克患的是白血病，这种病在当时是罕见的不治之症。同时，里尔克还患有肝功能衰竭。他一生挚爱玫瑰花，没想到是玫瑰加速了他的生命终结，仿佛是宿命一般，里尔克在52岁这一年注定因玫瑰而死去。

到了12月，里尔克强撑着病体给几个朋友写告别信，他预感到这是今生最后一次了。这些日子里，南妮·封德尔莉一直陪在里尔克的身边，她对于里尔克而言是最忠实的朋友。在预先就写好的遗嘱里，里尔克希望自己死后能埋葬在拉罗聂古教堂旁边的墓园里。这份遗嘱就交由南妮保管。

　　里尔克生前的最后一封信是写给他终生的至爱莎乐美的，文字哀婉凄美，"3年以来，警觉的天性在那样暗示我，警告我，你看到了吗？但是现在，露，我没有办法描述我经历的地狱是什么样子。身体上的痛苦和人生的痛苦纠结在一起，面对剧痛我只有一次退缩，就是此时此刻。它将把我带走并彻底埋葬。日夜更迭，无穷无尽。露，你们都还好吗？多多珍重。这年末的一阵风刮来，满是病痛和不祥的感觉。"

　　莎乐美早就知道里尔克的身体有慢性血中毒的迹象，但她万万没有想到，这是绝症白血病的征兆。读着里尔克的绝笔信，她想象着病榻上的里尔克用铅笔断断续续地写完这封信，每写一行字都会耗费他微弱的气力，泪水止不住流了下来。在信的结尾处，里尔克用俄语写道："永别了，我亲爱的。"

　　12月28日下午开始，里尔克一直躺在床上，没有人知道他到底有没有睡着。到了29日凌晨三点多钟，里尔克突然睁开了双眼，他抬起头，试图坐起来，可是倒了回去。守在旁边的人仔细看时，这位伟大的诗人已经停止了呼吸。1927年1月2日，里尔克这位"被玫瑰谋杀的诗人"被安葬在拉罗聂古教堂的墓园里，是他在遗嘱里希望安睡的地方。

　　墓碑上的墓志铭是里尔克生前为自己写好的，"玫瑰，啊，纯粹的矛盾，欲愿在许多眼睑下做无人有过的睡眠。"不过，读过《致奥尔普斯的十四行诗》的人们可能会发现，其中的一句诗可能更适合作为里尔克的墓志铭，而且同样出现了玫瑰这个物象，这句诗是："别立纪念碑，只让玫瑰每年为他盛开。"

3. 哀婉的余音

得知里尔克的死讯，茨维塔耶娃和帕斯捷尔纳克非常震惊，不仅他们，整个欧洲文坛也是一片惊讶和惋惜。茨维塔耶娃哀伤之余，也解开了心中的疑问，她终于明白里尔克为什么没给她写信了。

在得知里尔克死讯的第二天，茨维塔耶娃像以往一样坐到书桌边，提笔给里尔克写信。这是一封无法寄出的信，准确地说，它是一页悼念爱人的心语。她写道："亲爱的，你爱我吧，比所有人更狂热地、比所有人更与众不同地爱我吧！不要生我的气了，你应当知道我是这样的一个女人。"

随后，茨维塔耶娃给帕斯捷尔纳克写了一封短信，"鲍里斯，我们永远也不会见里尔克了，那个城市已经不存在了。"里尔克逝世后，茨维塔耶娃和帕斯捷尔纳克继续保持了很多年的联系，然而，他们两个人已经回不到从前了，就像经历了激流涌动的河水，最后来到了一片森林围绕的平静的湖面。

两个人的关系变成了君子之交式的友谊，岁月流逝，他们开始疏远，到后来不再联系。1939年6月，茨维塔耶娃回到苏联，让她没有料到的是，真正的厄运才刚刚开始。8月，女儿艾莉亚被捕，随后流放到偏远地区。10月，丈夫艾弗隆被指控从事反苏活动，逮捕后被处以枪决。茨维塔耶娃受到了某种程度的牵连，被禁止发表自己的诗歌作品，她只能靠翻译外国诗歌赚取些微薄的稿费。

但是，茨维塔耶娃的文学态度十分严谨，即使是翻译诗歌，她也要保持诗歌原有的文学魅力，如果做不到，宁可不刊登，也决不用自己不满意的东西去换钱。在潦倒穷困之下，茨维塔耶娃不得不做兼职的女佣人，做粗活赚钱补贴家用。

1941年8月，纳粹德国的军队逼近莫斯科，茨维塔耶娃带着小儿子莫尔移居到一个名叫叶拉堡的小城，生活极度困苦。当地的作家协会即将开办一个食堂，茨维塔耶娃请求作协的领导能考虑她的生活状况，给她一份洗碗工的工作，但被拒绝了。在物质与精神双重危机的压迫下，茨维塔耶娃已经到了崩溃的悬崖边上。8月31日，绝望之中的茨维塔耶娃自缢身亡，死的时候只有49岁。

1958年，帕斯捷尔纳克以长篇小说《日瓦戈医生》获得当年的诺贝尔文学奖，但同时，这部作品遭到了国内的种种非议，帕斯捷尔纳克不得不放弃领奖。此后，他一直过着离群索居的隐居生活。1960年5月30日，帕斯捷尔纳克在莫斯科郊外的彼列杰尔金诺寓所逝世，终年70岁。

至于本书中的重要人物，应该交代一下他们的结局。出版商安东·基朋贝格于1930年逝世，终年56岁。海因里希·福格勒于1931年移居苏联，第二次世界大战时，福格勒被当局流放至哈萨克斯坦，1942年，福格勒病逝于流放地。塔克西丝侯爵夫人于1934年病逝，终年79岁。

里尔克的母亲苏菲晚年大多生活在维也纳，她于1931年逝世，比她的儿子还多活了5年，终年80岁。里尔克的妻子克拉拉自从1918年起就回乡定居，她的住所在不莱梅附近的费舍尔胡德，和她的父母住得很近。她和里尔克一直是分居状态，其间克拉拉曾经提出离婚，但后来由于手续太过繁琐而不了了之。在自己的房子里，克拉拉生活了三十多个春夏秋冬。1954年，克拉拉离世，终年76岁。

生命的年轮一如既往地向前滚动着，晚年的莎乐美和安德烈亚斯彼此之间是一种相依相偎的关系，历经几十年名义上的婚姻，他们终于在对方那里找到了情感和心灵的归宿。有时，两个人谈到这一点，总会显得有些遗憾，如果以前能够像现在这样，给对方留出了解自己的时间和机会，或许能把握住更多的美好时光。

当然，他们也感到庆幸，毕竟在活着的时候，他们终于感悟到了这一点。1930年，安德烈亚斯离开莎乐美，到另外一个世界去了，终年84岁。1931年2月12日，莎乐美度过了70岁的生日，随后，在无法驱散的孤独之中，她开始撰写回忆录《生命的回望》。此后的莎乐美患上了糖尿病，1937年2月5日，糖尿病引发的尿毒症夺走了莎乐美的生命，这一天距离她76岁的生日只差一个星期。

附录

里尔克生平

　　里尔克，出生于1875年奥匈帝国统治下的布拉格。童年时代的里尔克，由于同母亲关系的紧张，选择了"逃离"。20岁，刚刚成年的里尔克便毅然离开了布拉格，开始了肉体和精神上的双重漫游，在长久的漫游中，里尔克获得了诗歌的灵感。另一方面，他结识了一大批当时站在西方文学巅峰中的人物：如托尔斯泰、纪德、瓦莱里。而在这些人中，里尔克寄予评价最高的莫过于瓦莱里，里尔克称之为诗歌的"顶峰"。在结识瓦莱里以后的漫长岁月中，里尔克一度把他作为自己的精神信仰，并从他的诗歌中获取创作的灵感。

　　在漫游的过程中，除了瓦莱里，对里尔克产生了深刻影响的人中，不得不提到的两个人是罗丹和莎乐美。

　　一直以来，里尔克对雕塑艺术就怀有一种浓厚的兴趣。在一个恰当的时机，里尔克结识了当时最伟大的雕塑艺术家罗丹，此后的8个月，里尔克亲自为罗丹担任秘书，获得了和这位伟大的雕塑艺术家朝夕相处的机会，罗丹对工作疯狂的热情执着，深深地感染了里尔克，让他认识到作为艺术家，他对总体的"人"所富有的无可推卸的责任，而这段经历也在他后来的创作中留下了印记。

　　在里尔克短短的一生中，有几位女性成为他桃红色的生命底色，其中最重要的一位就是莎乐美。莎乐美，是一位出生于俄罗斯贵族家庭的神秘女性。她的一生充满各种传奇：拒绝伟大的哲学家尼采，和弗洛伊德保持着长久的亦师亦友的关系，一度成为里尔克终身情人。正是在他们友好的岁月里，莎乐美把里尔克迎进了风光旖旎的亚得里亚海滨的杜伊诺古堡。在这里，诗人接受了仿佛是来自于上帝的最珍贵的礼物——灵感，并在以后的岁月中，不断地让自己的灵感完善、成熟，最终完成了诗人最伟大的一部作品——《杜伊诺哀歌》。

作为19世纪最伟大的几位诗人之一，里尔克的创作和他的生活相类似，也可以用一个词来形容——逃离。

所谓的逃离，指的是创作风格上的逃离。文学史上对里尔克的诗风总结为：从早期追求"流动的美"（音乐美），转向中期的追求"凝固的美"（雕塑的美）。最终，里尔克皆有精神上的升华，诗歌由外在的技术升华为内在的精神，也就是哲思诗。

关于他的创作态度，从伟大的《杜伊诺哀歌》中我们就可以管中窥豹。据里尔克讲，《杜伊诺哀歌》从灵感的产生到最终创作完毕，总计用去了整整10年的时间，在这10年间，他努力倾听宇宙万物的声音，努力寻找生命和宇宙发出共鸣的声响。甚至，在创作《杜伊诺哀歌》的这10年时间中，里尔克其他的创作基本上处于搁浅状态。

1926年12月29日，伟大的诗人里尔克病逝。

虽然诗人的肉体已经成为坚实的大地的一部分，他的精神却借由诗歌影响了越来越多的年轻人，并成为他们的精神导师。诗人是不会死去的，因为诗歌不会死去。

里尔克年表

1875年

12月4日，出生于布拉格。父亲曾任一家铁路公司的职员，母亲出身于上流社会，曾出版过一本格言集。

1891年16岁

7月，因身体羸弱被军事高级中学除名，转学。

1893年18岁

11月，与捷克作家尤·蔡耶尔的侄女瓦蕾丽·封·大卫罗费尔德结识，开始初恋。

1894年19岁

靠瓦蕾丽的资助，出版处女诗集《生活与诗歌》。作品主题是布拉指的城市历史，风格兼有新浪漫主义和印象主义的特色。

1895年20岁

12月，诗集《祭神》出版。一部以家史为背景的诗集。

1897年22岁

12月，出版诗集《耶稣降临节》

1901年26岁

4月28日，与克拉拉结婚。

1906年31岁

12月，应施成林伯爵夫人的妹妹芬恩德里希夫人之邀，前往风景胜地卡普里岛。在那里，与女主人合作，翻译布朗宁夫人的《葡萄牙十四行诗集》。

写出传世名作《豹》。

1911年36岁

10月，重访杜依诺，与塔克席斯侯爵夫人一起翻译但丁的《新生》。

译作《半人半马》出版。

1914年39岁

4月，与女钢琴家玛格达·封·哈廷贝格产生恋情。

身心陶醉于阅读荷尔德林的晚期作品。《杜依诺哀歌》的写作直接受到阅读荷尔德林的激励。

8月，寓居慕尼黑。写作思考战争的杰出诗篇《歌五首》。

9月，去伊萨尔山谷的伊尔申豪森疗养。写作《杜依诺哀歌》的部分片断。

1915年40岁

写作《杜依诺哀歌》中的第四首。

1919年44岁

6月，前往瑞士做旅行演讲。成为多布尔岑斯屈伯爵夫人的座上客。

与女画家巴拉迪斯·克洛索莱斯卡相识，并产生炽烈的恋情。

1921年46岁

阅读保尔·瓦雷里，心仪他的作品中所蕴含的无可比拟的纯粹与完美。翻译《海滨墓园》。

7月，维尔纳·赖因哈德为诗人租下慕佐城堡。26岁的弗丽达·鲍姆加特也搬进慕佐，成为诗人的管家兼女伴。

1922年47岁

2月2日至5日，写出《献给奥尔甫斯的十四行诗》的第一部分。

7日至9日，分别完成《杜依诺哀歌》中的第7首，第8首，第6首。

11日，完成第10首。14日，完成第5首。

15日至23日，写出《献给奥尔甫斯的十四行诗》的第二部分。

1923年48岁

写出优美的《瓦莱诗稿，或葡萄之季》。

《献给奥尔甫斯的十四行诗》出版。

《杜依诺哀歌》出版。

1924年49岁

开始以法语写诗。他驾驭法语的能力完全可以与他的德语母语媲美。

瓦雷里亲赴寓居穆措特的里尔克住所探望诗人。

1925年50岁

1月，再访巴黎，受到知识界名流的热情款待。

指导年轻诗人莫里斯·贝兹将《马尔特随笔》译成法文。

译诗集《保尔·瓦雷里诗选》出版。

1926年51岁

11月，被确诊患了白血病。

29日，在昏睡中去世。4天后，遵照遗嘱，被安葬于瓦莱的拉罗涅教堂墓园。

《瓦莱四行诗集》出版。

莫里斯·贝兹编辑出版《里尔克复兴》，瓦雷里、埃德蒙·雅卢为它写了杰出的评论。